Revoluti

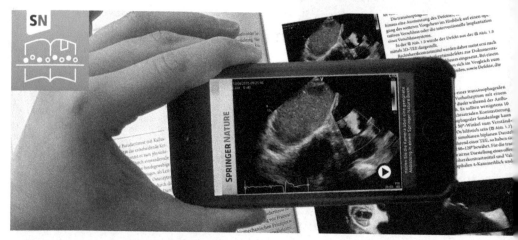

Daniel Memmert • Dominik Raabe

Revolution im Profifußball

Mit Big Data zur Spielanalyse 4.0

2., aktualisierte und erweiterte Auflage

Daniel Memmert
Institut für Trainingswissenschaft und
Sportinformatik
Deutsche Sporthochschule Köln
Köln, Deutschland

Dominik Raabe
Institut für Trainingswissenschaft und
Sportinformatik
Deutsche Sporthochschule Köln
Köln, Deutschland

Die Online-Version des Buches enthält digitales Zusatzmaterial, das berechtigten Nutzern durch Anklicken der mit einem „Playbutton" versehenen Abbildungen zur Verfügung steht. Alternativ kann dieses Zusatzmaterial von Lesern des gedruckten Buches mittels der kostenlosen Springer Nature „More Media" App angesehen werden. Die App ist in den relevanten App-Stores erhältlich und ermöglicht es, das entsprechend gekennzeichnete Zusatzmaterial mit einem mobilen Endgerät zu öffnen.

ISBN 978-3-662-59217-5 ISBN 978-3-662-59218-2 (eBook)
https://doi.org/10.1007/978-3-662-59218-2

Die Deutsche Nationalbibliothek verzeichnet diese Publikation in der Deutschen Nationalbibliografie; detaillierte bibliografische Daten sind im Internet über http://dnb.d-nb.de abrufbar.

Springer
© Springer-Verlag GmbH Deutschland, ein Teil von Springer Nature 2017, 2019

Einbandabbildung: © matrosovv / stock.adobe.com
Planung/Lektorat: Marion Krämer

Springer ist ein Imprint der eingetragenen Gesellschaft Springer-Verlag GmbH, DE und ist ein Teil von Springer Nature.
Die Anschrift der Gesellschaft ist: Heidelberger Platz 3, 14197 Berlin, Germany

Geleitwort Hansi Flick

In allen Niveau- und Altersklassen ist eine Vielzahl an Faktoren dafür verantwortlich, ob Mannschaften langfristig Spaß und Erfolg haben. Dazu zählen etwa Technik, Kondition und Kognition. In den vergangenen Jahren sind aber vor allem taktische Aspekte immer wichtiger geworden. Matchpläne bekommen eine immer größere Bedeutung – und sie müssen immer mehr mögliche Szenarien beinhalten. Folglich müssen Trainer und Co-Trainer in der Vorbereitung immer mehr Arbeit investieren, um die verschiedenen Facetten des Spiels zu beobachten und zu bewerten. Dies kostet Zeit, viel Zeit.

Deshalb entwickelte sich mit der Spielanalyse ein spezifisches Berufsfeld, das für das Trainerteam nicht zuletzt durch die technische Entwicklung immer mehr Optionen in der Diagnostik und Steuerung bietet. Doch trotz der technischen Entwicklungen sind „traditionelle" Videoanalysen selbst für diese Spezialisten noch zeitaufwendig, insbesondere weil komplexe Spielsituationen manuell eruiert und entschlüsselt werden müssen.

Dieses Buch gibt einen Überblick über die Genese der „Spielanalyse". Es zeigt zudem auf, dass Informationen über die Komplexität des Spiels mithilfe eines neuen methodischen Ansatzes automatisch und in Sekunden generiert werden können. Grundlage dafür sind Daten, die wir beim Deutschen Fußball-Bund (DFB) bereits seit mehr als zehn Jahren für DIE MANNSCHAFT erheben, die nun aber durch die technische Weiterentwicklung veredelt werden können – Positionsdaten!

In der Praxis liegt der Mehrwert der Positionsdaten aktuell hauptsächlich in der Belastungssteuerung. Ihre Einbindung in taktische Analysen wird bisher vernachlässigt – obwohl dies möglich wäre. An dieser Stelle sind die Sportwissenschaft sowie die -informatik ebenso gefragt wie die Analysten. Ihre Aufgabe ist es, solche Daten in den praktischen Kontext zu übersetzen. Die Herausforderung besteht darin, die technischen Möglichkeiten zu nutzen, Big Data nicht nur zu generieren, sondern damit auch zielgerichtet die Entwicklung einer Spielerin oder eines Spielers sowie einer Mannschaft zu steuern.

Wir haben im sportlichen Leitbild des DFB als Fundament die Spielvision verankert. Neben der individuellen Spielkonzeption, die jeder Trainer für sich nach den Möglichkeiten seiner Mannschaft gestalten muss, haben wir unabhängige Leitlinien in der Spielauffassung definiert und der Konzeption vorangestellt. Diese bilden eine Art „Qualitätsmerkmal" im Verständnis des Spiels. So ist für uns z. B. in der Offensive im Sinne der Zielspielidee (Tore zu erzielen) unabdingbar, Räume im Rücken des Gegners zu erkennen und zu nutzen. Dies gilt für jeden, der Fußball spielt, egal wo und in welchem Alter.

Es ist wichtig, die in den Leitlinien verankerten Fähigkeiten schnell, zuverlässig und objektiv beurteilen zu können. Und dafür bedarf es über den videobasierten Ansatz hinaus auch der Einbindung von Positionsdaten. Letztlich reden wir hier über Geometrie und Physik, sprich Konstellationen, Richtungen, Winkel und Geschwindigkeiten. All das bilden Positionsdaten ab. Wenn wir dieses Potenzial nutzen, können wir insbesondere die Talentdiagnostik völlig neu definieren – ja vielleicht sogar revolutionieren.

Ihnen, liebe Fußballfreunde, wünsche ich viel Spaß und viele neue Erkenntnisse bei der Lektüre dieses tollen Buches.

Ihr

Hansi Flick

Co-Trainer FC Bayern München

Geleitwort Ralf Rangnick

Die moderne Spielanalyse umfasst mittlerweile mehr als die Auswertung von Zweikampfquoten oder zurückgelegten Kilometern – denn es hat sich herausgestellt, dass diese Daten nicht über Sieg oder Niederlage entscheiden. Vielmehr sind es deutlich komplexere Analysen mit neuartigen Leistungsindikatoren, welche neue Erkenntnisse im Spitzenfußball liefern werden. Big Data beziehungsweise sogenannte Positionsdaten helfen beim Erkennen von taktischen Mustern, denn sie ermöglichen heutzutage die genaue Erfassung der Positionen jedes Spielers und des Balles. Aus diesem Grund habe ich bei allen meinen bisherigen Trainerstationen und auch als Sportdirektor darauf Wert gelegt, dass die Analyseabteilungen über die nötige Manpower und das Equipment verfügen, um moderne Spielanalyse bereitstellen zu können. Somit habe ich beim VfB Stuttgart, Hannover 96, 1899 Hoffenheim, Schalke 04 und in Leipzig immer versucht, neue methodische, digitale Trends schnell aufzugreifen und in unser Spiel einfließen zu lassen.

Das Institut für Trainingswissenschaft und Sportinformatik an der Deutschen Sporthochschule Köln spielt seit Jahren eine führende Rolle bei der Entwicklung und Testung von fortgeschrittenen Key-Performance-Indikatoren auf der Basis von Positionsdaten. Daher ist es nur konsequent und logisch, dass von diesen Autoren auch das erste Buch über Big Data im Spitzensport vorgelegt wird. Der nächste Schritt sollte jetzt sein, dieses Wissen systematisch in die Trainingspraxis einfließen zu lassen.

Ihnen, liebe Leser, viel Spaß beim Lesen dieses Buch sowie Erfolg und Freude bei der schönsten Nebensache der Welt.

Ihr

Ralf Rangnick

Head of Sport and Development Soccer, Red Bull GmbH

Dank an unsere Experten

Wir möchten uns an dieser Stelle für die Aussagen unserer Experten sehr herzlich bedanken:

- Ralf Rangnick (Head of Sport and Development Soccer, Red Bull GmbH)
- Urs Siegenthaler (Head Scout, Deutsche Nationalmannschaft)
- Prof. Dr. Martin Lames (TU München)
- Lars O.D. Christensen (Entwicklung Training, FC Midtjylland)
- Prof. Dr. Jürgen Perl (Universität Mainz)
- Tim Bagner (ChyronHego, Account Manager Deutsche Fußball Liga)
- Hansi Flick (Co-Trainer FC Bayern München)
- Ulrich Forstner (Bundestrainer „Wissenschaft und Bildung", Deutscher Hockey-Bund).
- Dr. Holger Broich (Leiter Gesundheit und Fitness, FC Bayern München)
- Ernst Tanner (Sportdirektor, Philadelphia Union)
- Dr. Hendrik Weber (Geschäftsführer der DFL-Gesellschaft Sportec Solutions)
- Dr. Daniel Link (TU München)
- Dr. Arnold Baca (Universität Wien)
- Dominik Meffert (Deutsche Sporthochschule Köln)
- Prof. Dr. Dr. Matthias Lochmann (Universität Erlangen)
- Chuck Korb (Senior Analyst, Boston Bruins)

Inhaltsverzeichnis

Über die Autoren

Univ.-Prof. Dr. Daniel Memmert ist geschäftsführender Direktor und Professor am Institut für Trainingswissenschaft und Sportinformatik an der Deutschen Sporthochschule Köln. Von 1999 bis 2009 war er Wissenschaftlicher Mitarbeiter und Akademischer Rat am Institut für Sport und Sportwissenschaft der Universität Heidelberg. Im Jahr 2003 promovierte er (Auszeichnung: dvs-Nachwuchspreis, Bronze) und habilitierte sich 2008 an der Eliteuniversität Heidelberg (Auszeichnung: DOSB-Wissenschaftspreis, Bronze). 2014 war er Gastprofessor an der Universität Wien. Seine wissenschaftlichen Arbeitsschwerpunkte liegen in der Bewegungswissenschaft (Kognition und Motorik), in der Sportpsychologie (Aufmerksamkeit und Motivation), in der Sportinformatik (Mustererkennung und Simulation), in der Kinder- und Jugendforschung, im Bereich der Sportspiel- und Evaluationsforschung sowie in den Forschungsmethoden. Er hat etliche Forschungsaufenthalte (u. a. USA, Kanada) absolviert, verschiedene Preise gewonnen (u. a. DOSB-Wissenschaftspreis Bronze, Research Writing Award AAHPERD), zahlreiche Drittmittelprojekte eingeworben (u. a. DFG, BISp), arbeitet in internationalen Editorial Boards (u. a. PSE) und publiziert in internationalen Fachzeitschriften. Von 2009 bis 2013 war er Geschäftsführer der asp (Arbeitsgemeinschaft für Sportpsychologie), von 2012 bis 2017 war er Herausgeber der *Zeitschrift für Sportwissenschaft* (verhaltenswissenschaftlicher Bereich), seit 2016 ist er Associate Editor (Psychologie) für die Zeitschrift *Research Quarterly for Exercise and Sport,* seit 2017 ist er Mitherausgeber der *Zeitschrift für Sportpsychologie* und seit 2008 stellv. Sprecher der dvs-Kommission „Sportspiele". Er besitzt Trainerlizenzen in den Sportarten Fußball, Tennis, Snowboard sowie Ski-Alpin und ist Herausgeber und Autor von Lehrbüchern zum modernen Fußballtraining. Sein Institut kooperiert mit verschiedenen Fußball-Bundesligisten, der Deutschen Fußball-Nationalmannschaft sowie DAX-Unternehmen und organisiert den ersten internationalen Weiterbildungs-Masterstudiengang „Spielanalyse".

Dominik Raabe studiert nach einem B.Sc. in Cognitive Science an der Universität Osnabrück Scientific Computing (M.Sc.) an der Technischen Universität Berlin. Seit 2014 ist er am Institut für Trainingswissenschaft und Sportinformatik an der Deutschen Sporthochschule Köln tätig und u. a. mit der Leitung eines von der DFL geförderten Projekts zum Thema „Positionsdatenanalyse im Profi-Fußball" betraut. Seine wissenschaftlichen Interessen liegen an der Schnittstelle zwischen Mathematik und Informatik, mit einem Fokus auf Sportinformatik und Datenanalyse.

1

Wann kommt die Revolution?

Big Data im Profisport

„Wir wollen eine Revolution", sagt der Chefanalyst der deutschen Fußball-nationalmannschaft Christofer Clemens im Fußballmagazin *11 Freunde* (Biermann 2015). Und weiter: „Wir wollen die Spielanalyse komplett hin-terfragen." Das Herz dieser Revolution liegt in den Datenmengen, welche der Spitzenfußball seit einigen Jahren fleißig anhäuft. Denn wie viele andere Bereiche unseres alltäglichen Lebens hat Big Data auch den Fußball fest im Griff. Es ist an der Zeit, aus der Fülle von Information die richtigen Schlüsse zu ziehen. Auch genau aus diesem Grund hat das Institut für Ko-gnitions- und Sportspielforschung (ab dem 01.03.2017 Institut für Trai-ningswissenschaft und Sportinformatik) an der Deutschen Sporthochschule in Köln bereits im Jahr 2015 den ersten Weiterbildungsmaster „Spielana-lyse" gestartet. Zentrale Ziele: Innovation und Kreativität bei der Arbeit mit Spieldaten.

Nur mit wissenschaftlichem Know-how ist es möglich, innovativ in der Praxis zu arbeiten und ständige Veränderungen im Spiel als Kontinuität zu begreifen. Es müssen neue Wege bei der Analyse und Interpretation von Video- und Positionsdaten gefunden werden, denn durch die zunehmende Professionalisierung in den Sportspielen sind vor allem die Anforderungen an das Berufsfeld Spielanalyse gewachsen.

Elektronisches Zusatzmaterial Die Online-Version dieses Kapitels (https://doi.org/10.1007/978-3-662-59218-2_1) enthält Zusatzmaterial, das für autorisierte Nutzer zugänglich ist.

© Springer-Verlag GmbH Deutschland, ein Teil von Springer Nature 2019
D. Memmert, D. Raabe, *Revolution im Profifußball*,
https://doi.org/10.1007/978-3-662-59218-2_1

Zukünftig werden Spielanalysten immer häufiger in die sportliche Leitung der jeweiligen Mannschaft involviert sein. Insbesondere bei der Weiterentwicklung von Spielideen und der Generierung von Lösungen für spezifische Probleme werden sie gefordert sein. Auch in der medialen Berichterstattung steigt die Nutzung von Spielanalysedaten zunehmend. So müssen Medienschaffende künftig ebenfalls in der Lage sein, die Daten im Kontext des Spiels zu verstehen und verständlich weiterzugeben. Nicht zuletzt bedarf es hoch qualifizierter Fachkräfte, die Analysemethoden zur Erhebung, Auswertung und Präsentation von Analysedaten weiterentwickeln.

Wie Ralf Rangnick einführend erwähnt hat, umfasst die Spielanalyse schon heute mehr als die Auswertung von Zweikampfquoten, angekommenen Pässen oder gelaufenen Kilometern. Diese herkömmlichen Parameter, zusammenfassend auch als Eventdaten bezeichnet, liefern durchaus gute Einblicke in Deutschlands Lieblingssport. Auskunft über den Spielausgang liefern sie uns hingegen nicht, das zeigen wissenschaftliche Untersuchungen. Mit der großflächigen Einführung von Positionsdaten, wie sie der Profifußball in den letzten Jahren erfahren hat, eröffnet sich nun eine völlig neue Perspektive, die darauf wartet, eingenommen zu werden.

Auch der Deutsche Hockey-Bund, der seit Jahren innovativ die Spielanalyse vorantreibt, hat dies erkannt:

> Nehmen Sie beim Fußball die Bayern: Deren Gegner hatten es zuletzt ganz bequem mit dem ewigen Münchner Passspiel, in dem die persönlichen Elemente keine große Rolle mehr spielen. So haben wir das mitunter auch erlebt: Wir machen und tun unentwegt, bleiben aber total wirkungslos. Das Ziel muss sein, den Gegner viel häufiger aus seinem Gleichgewicht zu bringen. Am Ende sollen selbst die gegnerischen Analysten, die alles auswerten und in 50-seitigen Hochglanzbroschüren ihren Teams vorlegen, nicht mehr wissen, was eigentlich kommt bei den Deutschen (Siemes 2016).

Dieses Statement zur Spielanalyse von morgen gab der deutsche Herren-Bundestrainer Hockey Valentin Altenburg kurz vor den Spielen der XXXI. Olympiade 2016 in Brasilien ab, später gewann er mit seinem Team die Bronzemedaille. Indirekt regte er damit auch an, dass wir, obwohl wir viel über quantitative und qualitative Spielanalysen wissen, dennoch neue Impulse und Innovationen benötigen. Wie zuverlässig sind unsere Key-Performance-Indikatoren (kurz KPIs; aus dem Englischen etwa Schlüsselleistungsparameter)? Welche Interpretationen sind möglich? Was bedeutet dies für den Trainingsalltag?

Eine Möglichkeit der Umsetzung findet sich unter dem Begriff Big Data. Um die Variabilität und Flexibilität von Mannschaften noch besser sichten und konstante Spielmuster klarer extrahieren zu können, liefern Positionsdaten seit einigen Jahren einen neuen Standard. Immer besser werdende Technik ermöglicht es uns heute, die Aufenthaltsorte eines jeden Spielers auf dem Spielfeld zu erfassen (vgl. Abb. 1.1a–c). So kann jede Aktion der Fußballer, aber auch anderer Sportspieler auf dem Spielfeld manuell oder mittels (semi-)automatisierten Methoden registriert werden.

In der Praxis liefern die verschiedenen technischen Verfahren die Positionen aller Spieler in Form von X-Y-Koordinaten – und das bestenfalls in Echtzeit. Die erfassten Daten bezeichnet man als Positions- oder auch Trackingdaten, was sich vom Englischen *to track* (deutsch „verfolgen") ableitet. Zur Erfassung dienen entweder spezielle Kamerasysteme oder mobile Geräte, welche die Spieler unter ihrer Spielkleidung tragen. Die anschließenden Analysen auf Basis dieser Positionsdaten können in nur wenigen Sekunden erstellt werden. Spielt eine Mannschaft einen gelungenen Spielzug, ist dieser nur Bruchteile später in seine Einzelheiten zerlegt – samt taktischer Details des Offensiv- sowie Defensivverhaltens der eigenen und gegnerischen Mannschaft. Die digitale Revolution ist im Fußball angekommen.

Standardmäßig, basierend vornehmlich auf Videodaten, werden die so gewonnenen Informationen über physische, technische und taktische Leistungen der Spieler und Teams von Analysten und Trainern eingesetzt, um Prozesse des Trainings oder der Spielvorbereitung zu optimieren. Jedoch ist das gesamte Potenzial der objektiven Leistungserfassung mithilfe der digitalen

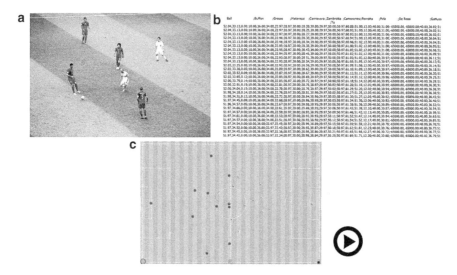

Abb. 1.1 a-c Fußball-WM 2006, Finale: Italien – Frankreich 6:4 n. E. Unseres Wissens eines der ersten Spiele, von denen man auch die Positionsdaten hatte (**a** Zinédine Zidane auf der Jagd nach dem Ball (© Richard Wareham/imago), **b** Positionsdaten, **c** Grafische Aufbereitung der Positionsdaten). Das Video veranschaulicht, wie die Positionsdaten zu einem Fußballspiel aussehen und welche Möglichkeiten sie der Spielanalyse eröffnen

Daten noch lange nicht erschöpft. Die Erfahrung der vergangenen Jahre hat klar aufgezeigt, dass das Angebot von sportwissenschaftlich fundierten Theorien und Methoden insbesondere im Bereich der Positionsdaten dem Bedarf des Spitzensports noch nicht gerecht wird.

So wird zurzeit erforscht, wie man mithilfe moderner Verfahren der Informatik und Statistik zu robusten Erkenntnissen im Fußball und anderen Sportspielen gelangt. Den Hintergrund dieses Bestrebens bildet die enorm komplexe, für die Praxis jedoch bedeutsame Frage, wie taktische und technische Komponenten des Spiels derart analysiert werden können, dass relevante Schlüsse für das Coaching gezogen werden können. Denn nur so ist es möglich, die immer größer werdende Datenflut zur Steigerung der Wettbewerbsfähigkeit optimal auszunutzen (Memmert et al. 2016a, b).

Um diesem Ziel ein Stück näher zu kommen, entwickeln und überprüfen Sportwissenschaftler immer elaboriertere KPIs, die objektive Auskunft über Leistungen der Spieler geben sollen. Obwohl sich darunter durchaus vielversprechende Ansätze finden lassen, besteht heute immer noch ein Defizit in der praktischen Etablierung solcher Leistungsparameter. Bis dato hat es nur eine kleine Anzahl von Verfahren und Methoden in die Nähe der Marktreife gebracht, denn die empirische Erprobung ist zu gering. Es mangelt besonders an Feldversuchen aus dem Profibereich, welche den theoretischen Überlegungen den praktischen Überbau aufsetzen können (Memmert et al. 2016a, b).

Das Fundament ist dennoch gelegt, und der Fußball hat die Schwelle ins Datenzeitalter bereits übertreten (Abb. 1.2). Auf den nachfolgenden Seiten

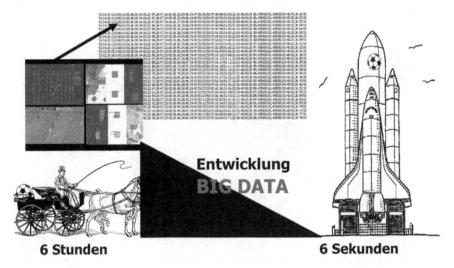

Abb. 1.2 Digitale Revolution im Profifußball: Spielanalysen in Sekundenschnelle dank Big Data

beschreiben wir die spannenden Ergebnisse, die auf der Basis der Spielanalyse 1.0 bis 4.0 und in Zukunft sogar 5.0 den Fußball (Kap. 18) wieder verändern und weiterentwickeln können (vgl. Abb. 1.3). Zunächst werden wir die Entwicklung der Spielanalyse im Allgemeinen und die „Positionsdaten-basierte Spielanalyse" im Speziellen von ihren Kinderschuhen bis hin zum Status quo verfolgen. Es folgen Hintergrundinformationen zu den eingesetzten Techniken, dem Datenmaterial, der Situation in der Bundesliga und im europäischen Fußball sowie ein Ausblick in den Alltag von Spielanalysten anderer Sportarten.

Unterwegs geben wir immer wieder Ausblicke, inwiefern der technologische Fortschritt den Fußball, so wie wir ihn kennen, erneut revolutionieren kann. Anführer unserer Revolution ist die Tatsache, dass Analysen mit Positionsdaten vollautomatisch ablaufen und der neuen Generation von Spielanalysten schon während des Spiels ungekannte Einsichten in das Spielgeschehen liefern (Abb. 1.3). Zahlreiche Interviews mit Experten aus Theorie und Praxis liefern Einblicke, wie die Revolution der Daten dem Sport bereits ihren Stempel aufdrückt.

Das zweite große Thema dieses Buches bildet die Beschreibung der Erkenntnisse, welche uns die computergestützte Spielanalyse bereits heute liefert. Zugrunde gelegt wurden die Daten aus einem kompetitiven, von der Deutschen Fußball Liga (DFL) ausgeschriebenen Projekt mit dem Titel „Positionsdaten im Profifußball". Dieses am Institut für Kognitions- und Sportspielforschung der Deutschen Sporthochschule in Köln im Jahr 2015 durchgeführte Projekt hat sich als erste große Praxisstudie zur Erforschung der neuen Daten erwiesen. Zentrales Ziel dieser Studie, an der ein Team von Mathematikern, Informatikern und Spielanalysten ein halbes Jahr lang arbeitete, war es, eine Auswahl der neu entwickelten KPIs automatisch

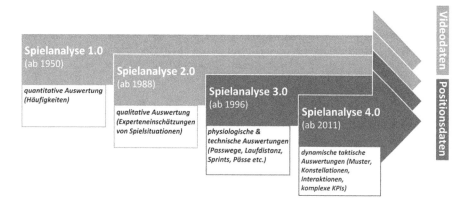

Abb. 1.3 Von der Spielanalyse 1.0 zur Spielanalyse 4.0

unter Einsatz von neuronalen Netzen zu berechnen und auf einer großen Anzahl von Spielen der Fußball Bundesliga auszuprobieren.

In der Big-Data-Feldstudie wurden insgesamt 50 Spiele der Bundesliga-saison 2014/2015 analysiert, letztlich wurden über 11.000 Leistungswerte automatisch erzeugt und anschließend hinsichtlich verschiedener Fragestellungen ausgewertet. Im Zentrum stand dabei das selbst entwickelte Analysetool SOCCER (© Perl 2011), welches konventionelle Datenanalyse, dynamische Zustand-Ereignis-Modellierung und künstliche neuronale Netze kombiniert. Letztere sind ein Kind der modernen Neurowissenschaften und haben sich jüngst auch im Bereich der Datenanalyse als äußerst hilfreich erwiesen.

Das Programm SOCCER wurde im Rahmen von vier von der Deutschen Forschungsgesellschaft finanzierten Projekten (PE 445/7-1, ME 2678/3-1, ME 2678/3-2, ME 2678/3-3) und zwei Projekten des Bundesinstitut für Sportwissenschaft (VF 0407/06/12/2001–2002; VF 07/06/04/2005–2006) seit dem Jahr 2001 entwickelt. Die Projekte fanden in Kooperation zwischen dem Institut für Informatik der Universität Mainz (Prof. Jürgen Perl) und dem Institut für Sport und Sportwissenschaft der Universität Heidelberg (Dr. Daniel Memmert) statt und wurden ab 2011 in Köln an der Deutschen Sporthochschule (Prof. Dr. Daniel Memmert) fortgesetzt (s. auch die Publikationen auf http://bit.ly/2qdIYDS).

> Heutzutage sind wir in der Lage, einzelne taktische Muster aus den Positionsdaten zu extrahieren (Grunz et al. 2012). Dazu werden ganz bestimmte neuronale Netze eingesetzt, mit denen man einzelne vordefinierte Spielzüge klassifizieren kann. In größeren Validierungsstudien wurden beispielsweise kurze und lange Spieleröffnungen, Einwürfe, Eckbälle und Freistöße in Sekundenschnelle aus den Positionsdaten herausgelesen und mit der entsprechenden Videosequenz hinterlegt. Damit konnte man das von einem Computer herausgelesene taktische Muster mit den Mustern vergleichen, die ein Spielanalyst gefunden hat. Wie man sieht (Tab. 1.1), erkennt man Übereinstimmungen, die größer als 80 % sind. Wenn man berücksichtigt, dass, wenn man zwei oder drei Spielanalysten und deren Ergebnis mit einander vergliche, auch Übereinstimmungsraten in dieser Größenordnung vorzufinden wären, kann man von einer hinreichenden Genauigkeit sprechen.

Anhand von zahlreichen Beispielen aus der Fußballbundesliga und anderen Ligen des europäischen Spitzensports möchten wir Ihnen, liebe Leser, zeigen, wie verschiedene taktische Aspekte modelliert, einzelne Spiele oder gar ganze Saisons per Mausklick analysiert und anschließend interpretiert werden können. Die Ergebnisse sollen nicht nur spannende Einblicke hinter die Kulissen

Tab. 1.1 Übereinstimmungsraten zwischen Mensch und Maschine bei der Entdeckung von taktischen Mustern in Fußballspielen (Grunz et al. 2012)

Kategorie	Anzahl der Fälle konventioneller Spielanalyse	Übereinstimmung mit der Netz-basierten Spielanalyse	Erkennungsrate (%)
Spieleröffnung von/durch XX	131	110	91
Einwurf	27	27	100
Freistoß	16	14	92
Ecke	12	12	100

des Profifußballs verschaffen, sondern auch die eigenen Vorstellungen und Überzeugungen bezüglich Fußballtaktik auf sportlich höchstem Niveau hinterfragen und zu neuen Überlegungen anregen. Machen wir uns auf die Reise.

Interview mit dem Chefscout der deutschen Herren-Fußballnationalmannschaft: Urs Siegenthaler

Ähnlich wie der Hockeybundestrainer der Männer Valentin Altenburg beurteilt auch der Chefscout der deutschen Fußballnationalmannschaft Urs Siegenthaler (Abb. 1.4) die Situation der Spielanalyse. Mit dem FC Basel wurde Siegenthaler fünfmal Meister und zweimal Pokalsieger, seine Karriere beendete er nach Stationen bei Neuchâtel Xamax und den Young Boys Bern wieder beim FC Basel. 1978 machte er an der Sporthochschule Köln seinen Trainerschein, 1987 bis 1990 war er Cheftrainer des FC Basel und danach Co-Trainer der Schweizer Nationalmannschaft. Seit 2005 ist Siegenthaler Spielerbeobachter der deutschen Nationalmannschaft. Im Interview spricht er über eine ganz neue Vision, die er mit Scouting bzw. Spielanalyse verbindet. Ideen, die man möglicherweise auf der Basis von Positionsdaten in der nahen und ferneren Zukunft angehen oder sogar lösen und umsetzen kann.

Sehr geehrter Herr Siegenthaler, wie genau haben Sie sich auf die Turniere vorbereitet?
In den Monaten vor den großen Turnieren begebe ich mich immer auf den Weg, die Entwicklung anderer Sportarten zu erfahren, um ein anderes, möglicherweise ein neues Bild der Entwicklung im Sport allgemein zu bekommen. Entwicklung ist an Beobachtung, an Wahrnehmung gekoppelt. Dies hat mich motiviert, meine eigenen vergangenen Thesen und Arbeit zu prüfen und zu hinterfragen.

Abb. 1.4 Urs Siegenthaler, Chefscout der deutschen Herren-Fußballnationalmannschaft. (© U. Siegenthaler)

Herr Siegenthaler, wie sehen Sie Ihre Aufgabe als Scout?

Wie oft habe ich mich in der Vergangenheit gefragt: Was mache ich hier? Trat in ein sogenanntes Fettnäpfchen mit meiner Fragestellung, „was verstehe ich unter das ist ein ‚Guter‘?" Besonders die letzten Turniere, UEFA EM, FIFA WM und bei den Spielen der XXXI. Olympiade sollten uns ein Hinweis sein, dass die anderen Fußballnationen nicht schlafen!

Wie genau kann man das Scouting verstehen? Ist im Spiel nicht einiges auch Zufall oder doch etwas anderes?

Was ist mir in dieser jüngsten Vergangenheit aufgefallen? Sind es nur Teams oder Spieler, die ihre Leistung nicht abrufen konnten? Hat sich der Fußballgott gegen diese „Verlierer" gewendet? Oder hat überhaupt eine Veränderung, eine Entwicklung im Sport allgemein und im Fußballsport speziell, stattgefunden? Wenn ja, was und wie hat sich der Sport, der Spieler, die Beobachtung eines Spiels, eine wahrgenommene Entwicklung, verändert? Sollten wir immer noch die Spielbeobachtung daran festmachen, dass wir uns Spiele in altbewährter Form ansehen und beurteilen?

Sollten wir also unter Spielbeobachtung etwas anders verstehen?

Ja. Meine Intuition sagt, der Begriff ist veraltet, und die Spielbeobachtung an sich ist überholt. Wäre nicht Trendbeobachter eine bessere Bezeichnung und Weiterforschen eine weitere, wenn nicht gar eine besser beschriebene Tätigkeit meiner Arbeit beim DFB?

Viele Fragen, aber was genau wissen wir aktuell darüber?
Der Fußballsport hat sich auf dem Niveau der besten 100 verändert und dies zuungunsten des vermeintlich Besseren! Es hat jedoch eine simple, nicht große Veränderung stattgefunden.

Wieso zuungunsten des vermeintlich Besseren?
Der Stärkere wird gezwungen, sich einer defensiven Übermacht zustellen! Alle, Teams wie Spieler, haben sich auf diesem allgemeinen Niveau eingependelt – gute Technik, gute taktische Vorgaben, gute Kondition und Laufbereitschaft, gute koordinative Fähigkeiten sowie letztlich gute persönliche Einstellung beziehungsweise gutes Engagement zur Aufgabe!

Und auf das Training bezogen? Sind hier auch nur mäßige Veränderungen auffällig?
Ja, auch der Trainingsbetrieb hat sich nur mäßig verändert und kaum angepasst. Wir trainieren immer noch Intensität, Abläufe, Konstanz in Bezug auf das Passspiel, Laufwege und so weiter. Fußball wird gespielt wie eh und je, egal wie man dieses Spiel auch interpretiert! Doch mit dieser simplen Veränderung tun wir uns schwer.

Was wären Veränderungen?
Meine Ungeduld, mein Starrsinn sucht nach Festhalten an etwas. Ich empfinde etwas, kann es aber noch nicht in Worte fassen! Ist es etwas Wahrnehmen, folgend die Entscheidung, nachfolgend die Umsetzung? Mein Tun und Handeln im Spiel sind letztlich an diese drei Faktoren und Schritte gebunden. Beim detaillierten Hinsehen sind sie auch verantwortlich für gutes oder weniger gutes, also schlechtes, für erfolgreiches oder weniger erfolgreiches Spiel. Und komme ich auf die erwähnte Frage der Trainingsveränderung zurück, dann die klare Ansage: Dies gilt es, im Jugendbereich zu trainieren.

Noch mal zurück zur Spielbeobachtung oder besser zur Trendbeobachtung. Was genau sehen wir und was stellen wir letztendlich fest?
Team A erfuhr gegen Team B dies, was wir momentan gegen jeden Gegner erfahren: Ein Team (B) versucht nur, das Ergebnis zu halten und mit aller Macht ein Gegentor zu verhindern, das andere Team (A), welches aufgrund der Konstellation, z. B. als Heimteam, höher bewertet in der Tabelle, aufgrund der Historie und so weiter sich als Favorit berufen fühlt, tut sich sehr schwer,

das Spiel zu gestalten. Jegliche Defizite in der Idee, das „Warum" und folgend das „Wie", werden schonungslos im Spiel mit dem Ball offengelegt, und häufig sind es nur Unachtsamkeiten des Gegners, also gravierende Fehler des Teams B, die Chancen entstehen lassen.

Muss dasselbe Team (A) nun gegen uns antreten, steht es mit zehn Spielern vor dem eigenen Strafraum und wächst bei jedem Konter über sich hinaus. Es hat ein vermeintlich leichtes Spiel gegen uns, denn es braucht weder eine Idee der Spielgestaltung – das „Warum" und „Wie" –, noch tut es etwas für das Spiel und kann dennoch mit einer Aktion alles gewinnen! Dies sollte uns bewusst sein, wenn wir diese Spiele anschauen und für das Aufeinandertreffen mit uns Erkenntnisse gewinnen wollen. Das, was uns, das Team Deutschland, erwartet, werden wir nur sehr bedingt in diesen Spielen finden – viel eher beim Underdog (B) als beim vermeintlichen Favoriten (A)!

Das klingt logisch. Was sollte das Team A, also das „Gute", dann berücksichtigen?
Der Kreis schließt sich. Nur der „Gute" kann eine Lösung finden. Der weniger „Gute" spielt einfach nur mit! Eine weitere Tatsache ist, dass der Fußballsport sich dahin gehend verändert hat, dass auf dem Niveau, wo sich das deutsche Team einreiht, der „Gute'" sich vom weniger „Guten" nicht nur abhebt, sondern dass nur der „Gute" die spielentscheidenden Impulse geben kann. Nur wenn wir in der Trendbeobachtung diese Lösungen sehen, erkennen und aufzeigen, können wir Rückschlüsse daraus ziehen, welcher Spielertyp, welche Anordnung und taktische Ausrichtung für eine Lösung geeignet ist!

Ist es dann nicht ein Problem, dass das Spiel der guten Teams durchschaubar wird?
Natürlich, das Spiel ehemaliger Spitzenteams ist so durchschaubar geworden, dass man Mangelhaftes – die Entwicklung nicht wahrgenommen oder nicht akzeptiert – nicht nur mit mehr Kraft, mit mehr Ausdauer und mit mehr Technik wettmachen kann. Schlagworte wie Schnelligkeit und Effektivität mit viel Kreativität – doch wie eignet man sich diese an? – gemixt: Das ist das Erfolgsrezept, das Lösungswort allgemein!

Mir scheint dies zu einfach ausgedrückt und zu einfach erklärt! Und lässt in mir die Worte von Franz Beckenbauer hören: „Geht's raus und spielt's Fußball und schießt Tore!" Wir müssen uns fragen: Was nehme ich wahr? Welche Entscheidung treffen wir? Und wir müssen wissen, dass alle wohl gleich wahrnehmen und gleiche Entscheidungen treffen, aber jeder eine andere Umsetzung folgen lassen muss. Nicht alle dürfen sich anbieten!

Haben Sie ein Beispiel für uns?

Das beste Beispiel dafür steht für mich Pate, das Team Brasilien! Hätte es im Fußballsport keine Veränderung gegeben, wäre Brasilien nach wie vor das Maß aller Dinge im Fußballsport. Denn bessere, technisch begabtere und beschlagenere Fußballer als die Brasilianer gibt es kaum. Sehen wir in der Spielbeobachtung diese Veränderungen, sehen wir auch Lösungen, können wir Rückschlüsse daraus ziehen, wissen wir, wie diese Veränderung trainiert werden kann. Wie geht man mit dem Coaching um? Sehen wir Lösungen, können wir diese ausdrücken – nicht nur intuitiv –, welcher Spielertyp für diese Lösung geeignet ist. Dinge, welche während der Entwicklung des Fußballsports in Vergessenheit geraten sind.

Wie lassen sich diese Blickweisen zusammenfassen?

So stelle ich mir die Frage und im Falle des Teams Brasilien nicht erst seit gestern: Warum hat das Team A, Brasilien, derart Mühe, den Anschluss zu schaffen? Warum erwachen die U-Teams allerorts aus einem unangenehmen Traum? Die Zielsetzung allerorts ist hoch und mit Glauben und Überzeugung kundgetan. Ja, warum, weshalb? Genügt die Antwort: „Wir haben einen schlechten Tag erwischt"? Das Spiel, die Auslegung und das eigene Agieren wird maßgeblich dadurch bestimmt, Veränderungen zu erkennen, Lösungen im Vorfeld ansprechen und auch trainieren zu wollen und zu können – Stichwort Coaching.

Es sind nicht die absoluten Stars, welche diese Fähigkeit haben oder sich dies im Laufe ihrer Karriere angeeignet haben. Als Beispiel stehen zwei, drei, vier Spieler Pate für ein gutes Spielverständnis: Diego Godín, Innenverteidiger von Atlético Madrid. Bei der Spielauslösung von der Defensive in die Offensive hat er eine sehr gute Positionswahl. Er erkennt den Raum, wo man stehen sollte, anspielbar oder eben Auslöser für die Offensive ist.

Oder Busquets vom FC Barcelona, der als defensiver Mittelfeldspieler das Spiel seiner eigenen Mannschaft, aber auch das Spiel des Gegners sehr gut lesen, erkennen und erahnen kann und daher fast immer am richtigen Ort ist. Michael Bradley vom Team USA, der einen überragend großen Aktionsradius hat. Er investiert viel Laufarbeit in sein Spiel, ist Spielgestalter und zugleich Vollender, da er auch in die Box geht. Miro Klose, ein mitdenkender und mitspielender Mittelstürmer! Er wusste, wo sein Gegner steht oder eben nicht steht. Er ahnte, wo sein Gegenspieler eine Lösung sucht und wo er keine Lösung findet!

Wie sollten oder können wir den großen Wandel im Fußballsport verstehen und akzeptieren? Den Wandel – Paradigmenwechsel – in der Umsetzung, Wandel in der Wirtschaftlichkeit. Wie wollen die Investoren, die Fans und der Zuschauer diesen Sport sehen und zugleich verstehen?
Mit dieser Frage kehre ich zum Ursprung des Spiels zurück. Das Spiel mit dem Ball, mit dem Fuß, auf einem Bolzplatz? Kern des Sports ist, Freude zu haben am Spiel, Tore zu schießen, so viel und so oft wie möglich. Das ist die Grundidee und Taktik. Doch gerade diese einfachen Kernaussagen sind so verdammt schwer in ein erfolgreiches Tun und Handeln umzusetzen, zu trainieren.

Literatur

Biermann, C. (2015). THEMEN: Spielanalyse, Taktik. *11 Freunde* (01.04 2015) 160.

Grunz, A., Memmert, D., & Perl, J. (2012). Tactical pattern recognition in soccer games by means of special self-organizing maps. *Human Movement Science, 31*, 334–343.

Memmert, D., Raabe, D., Knyazev, A., Franzen, A., Zekas, L., Rein, R., Weber, H., et al. (2016a). Big Data im Profi-Fußball. Analyse von Positionsdaten der Fußball-Bundesliga mit neuen innovativen Key Performance Indikatoren. *Leistungssport, 46*(5), 1–13.

Memmert, D., Raabe, D., Knyazev, A., Franzen, A., Zekas, L., Rein, R., Weber, H., et al. (2016b). Innovative Leistungsindikatoren im Profifußball auf Basis von Positionsdaten. *Impulse, 2*, 14–21.

Siemes, C. (2016). Das deutsche Erfolgshockey wurde decodiert. Interview mit Valentin Altenburg.(07.04.2016) *ZeitOnline*.

2

Mehr als nur ein Spiel

Fußballtaktik – so alt wie das Spiel selbst

Wer Fußball liebt oder selbst gespielt hat, der weiß, wie einfach dieses Spiel ist: zwei Mannschaften zu je elf Spielern, ein Ball und das alles verbindende Ziel, mehr Tore als der Gegner zu schießen. Gerade diese Einfachheit ist einer der Hauptgründe, warum sich dieser Sport auf der ganzen Welt größter Beliebtheit erfreut. Und obwohl die Spielregeln in drei Zeilen erklärt sind – vielleicht auch gerade deshalb – entfaltet er eine unerreichte Faszination. Wir spielen nicht nur selbst gerne, sondern schauen auch anderen dabei zu, wir fachsimpeln über Spielphilosophien und erfreuen uns an der ganz eigenen Ästhetik, die entsteht, wenn 22 Spieler oder Spielerinnen dem runden Leder hinterherjagen. Nicht umsonst beschäftigt die Menschen schon seit der Erfindung dieses Spiels die Frage, was schöner Fußball ist und was nicht.

Wer über Fußball auch noch nachdenkt, der wird neben der Schönheit eine unglaubliche Komplexität entdecken. Eine Komplexität, geprägt von Laufwegen und Spielzügen, Matchplänen und Philosophien, aber auch von Kreativität (Memmert 2011, 2015). Wir sind heute in der Lage, die Mechanismen des Fußballspiels in ungekannter Tiefe zu verstehen. Möglich machen es ein über Jahrzehnte gesammelter Schatz an Erfahrungswerten und neueste technische Entwicklungen. Der Verbreitung der automatisierten Spielanalyse – die modernste Form der Leistungsdiagnostik und zentrales Thema dieses Buches – geht eine ein jahrhundertlange Geschichte voraus, geprägt von Pionieren der Sportwissenschaft, verrückten Erfindungen und technischen Revolutionen.

© Springer-Verlag GmbH Deutschland, ein Teil von Springer Nature 2019
D. Memmert, D. Raabe, *Revolution im Profifußball*,
https://doi.org/10.1007/978-3-662-59218-2_2

Beim Blick in die Geschichtsbücher zeigt sich, dass das Nachdenken über Fußball fast so alt ist wie das Spiel selbst. Schon früh stellten sich Trainer und Beobachter die Frage, wie gespielt werden muss, um erfolgreich zu sein. Was wir heute unter Fußballtaktik verstehen, geht bis zu den Anfängen des Sports zurück, wie der englische Sportbuchautor Jonathan Wilson feststellt. In seinem Buch *Revolutionen auf dem Rasen – Eine Geschichte der Fußballtaktik* beschreibt er höchst unterhaltsam und mit viel Scharfsinn die taktische Entwicklung von „einem Wettstreit zweier Pöbelhaufen im mittelalterlichen Großbritannien" bis hin zu den Trainerkoryphäen von heute (Wilson 2011).

Am 30. November 1872 kam es zum ersten Länderspiel der Geschichte. Gegenüber standen sich die nationalen Auswahlen von England und Schottland, wobei Letztere aus der Mannschaft des FC Queen's Park bestand, denn der schottische Fußballverband sollte sich erst im darauffolgenden Jahr gründen (Abb. 2.1a–c). Das Spiel auf dem Hamilton Crescent, heute ein Kricketplatz im schottischen Glasgow, endete 0:0. Bereits damals spielten die Spieler in einer ungefähren Formation, welche Wilson als 1-2-7 aufseiten der Engländer und 2-2-6 aufseiten der Schotten bezeichnet.

Bis zu den heute verbreiteten Systemen, die bezüglich der Spielerpositionen deutlich ausgeglichener wirken, erlebte die Fußballtaktik eine Vielzahl von Neuerungen. In den immer wieder den aktuellen Entwicklungen angepassten Spielsystemen rückten Stürmer auf den Taktiktafeln nach und nach ins Mittelfeld und in die Verteidigung – bedingt durch Regeländerungen sowie der zunehmenden Professionalisierung und Beschleunigung des Sports.

a   b   c

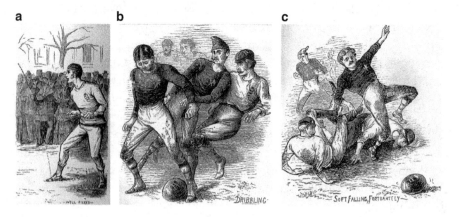

Abb. 2.1   a–c Länderspiel England – Schottland (30.11.1872). (Quelle: Ralston 1872)

Notizblöcke und Messapparate

Mit der Fußballtaktik reifte über die Jahre auch das Bedürfnis heran, Leistungen von Spielern greifbar zu machen. Analog zu den taktischen Überlegungen großer Trainerlegenden wie Herbert Chapman entstanden mit der Zeit auch die ersten Ansätze in dem, was wir heute unter dem Begriff Spielanalyse verstehen. In einer Zeit, zu der handelsübliche Computer noch nicht entwickelt waren, bediente man sich Mangels technischer Hilfsmittel in den Anfängen noch altbewährter Werkzeuge: Zettel und Stift. Aus zunächst undurchsichtigen Kritzeleien zu Spielzügen und Passstafetten entstanden über die Jahre sogenannte Handnotationssysteme: eine Art Leitfaden zur strukturierten Dokumentation von Fußballspielen mit festgelegter Symbolik und Grammatik.

Den Anfang dieser Handnotationssysteme machte aber nicht Fußball, sondern Baseball – die Sportart schlechthin für Revolutionen in der Spielanalyse, wie wir noch feststellen werden. Bereits 1912 veröffentlichte der Amerikaner Hugh Fullerton (Abb. 2.2) einen zwölfseitigen Aufsatz im *American Magazine,* in welchem er das Baseballfeld in mehrere Zonen einteilte und über 10.000 in die Zonen geschlagene Bälle auf Erfolgswahrscheinlichkeiten analysierte (Fullerton 1912). Auch wenn die Wissenschaft sich bereits damals auf verschiedenen Ebenen mit Sport auseinandersetzte, verfasste der seinerzeit

Abb. 2.2 Der Amerikaner Hugh Fullerton, erster Spielanalyst im Baseball. (Quelle: The A.G. Spalding Baseball Collection, Datum unbekannt)

bekannte Sportjournalist mit seiner Arbeit den allerersten Artikel zur systematischen Aufarbeitung von Spielstatistiken.

Bald darauf machten sich Wissenschaftler anderer Sportarten an die Arbeit, einheitliche Systeme zu entwickeln, mit denen Spiele notiert werden konnten. Mit uniformen Bezeichnungen und vorgegebenen Schemata konnten sie das komplexe Spielgeschehen auf einzelne Spielzüge herunterbrechen und die Aktionen der Akteure katalogisieren. Die gewonnenen Informationen konnten so nicht nur bewertet, sondern ebenfalls zwischen verschiedenen Spielen verglichen werden.

Eines der ersten Handnotationssysteme im Sport überhaupt entwickelte der US-Amerikaner Lloyd Messersmith um 1930 (Lyons 1996, vgl. Abb. 2.3). Sein Hauptaugenmerk richtete der vielseitig interessierte Sportlehrer und Trainer auf Basketball, Baseball und American Football. Messersmith beschäftigte sich außer mit der Dokumentation von Spielaktionen auch mit den physischen Leistungen, welche Athleten im Wettkampf ablieferten. Zusammen mit seinen Kollegen entwickelte er eine Art „Verfolgungsapparat", welcher ermöglichte, die Laufdistanz eines Spielers zu messen (vgl. Abb. 2.4).

Das elektrische Gerät der Marke Eigenbau bestand aus einem Miniaturspielfeld, einer Nadel zur Aufzeichnung des Laufweges, einem elektrischen Impulszähler sowie einem großen, hölzernen Batteriekasten und musste zu zweit bedient werden: Während einer den Laufweg des Spielers auf der anpassbaren

Abb. 2.3 Der US-Amerikaner Lloyd Messersmith im Jahr 1930. (© DePauw A Pictorial History)

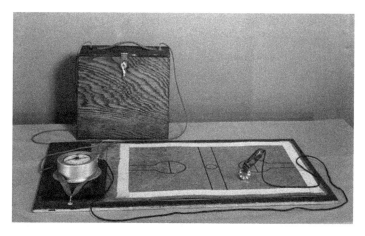

Abb. 2.4 Messersmiths Messapparatur: Zu sehen sind die Spielfeldunterlage, die Nadel zum Aufzeichnen des Laufweges verbunden mit dem Impulszähler. Der hölzerne Kasten beinhaltet die Batterie, 1940. (Abbildung mit freundlicher Unterstützung zur Verfügung gestellt von den Indiana University Archives). (© Indiana University Archives)

Unterlage nachzeichnete, notierte der zweite die Ausgaben des Impulszählers. Mit der ausgefallenen Erfindung konnte man bereits 1931 abschätzen, wie viele Kilometer etwa die Center in einem Basketballspiel durchschnittlich abspulen. Laut Messersmith waren es gute 5,5 km (alle Center einer Mannschaft zusammen), zumindest im College Basketball zwischen 1931 und 1941.

Zwanzig Jahre vor seiner Zeit

Bald darauf fand auch der Fußball seinen ersten Spielanalysten und bekam mit dem Briten Charles Reep eine ebenso leidenschaftliche wie umstrittene Persönlichkeit geschenkt. Reep wurde 1904 im englischen Torpoint, einer kleinen Stadt in der südwestlich gelegenen Grafschaft Cornwall, geboren (Pollard 2002). Schon früh begann er, sich für Fußball zu interessieren, und besuchte in seiner Jugend regelmäßig die Spiele des benachbarten Klubs Plymouth Argyle. Nach einer Ausbildung zum Buchhalter trat er der Royal Air Force bei, die er erst 1955 als Oberstleutnant wieder verließ. Während seiner Zeit bei der britischen Luftwaffe traf er Charles Jones, Kapitän des von Herbert Chapman trainierten Arsenal London, welcher 1933 zu einem Vortrag an Reeps Stützpunkt geladen war. Begeistert von Jones' Vorträgen über das Flügelspiel von Arsenal begann Reep, sich intensiv mit Fußballtaktik auseinanderzusetzen. Er besuchte, wenn es sein Dienst bei der Luftwaffe erlaubte, die Spiele der beiden Nordlondoner Klubs Arsenal und Tottenham und studierte akribisch deren

Angriffsspiel. Seine Erkenntnisse und Überlegungen übertrug er anschließend auf einige von ihm trainierte Mannschaften der Air Force.

Der endgültige Startschuss seiner zweiten Karriere als Spielanalyst erfolge im Frühling 1950 bei einer Partie zwischen Swindon Town und den Bristol Rovers. Reep zückte während des Matchs kurz entschlossen sein Notizbuch und begann, das Spielgeschehen mit Symbolen und Notizen auf Papier festzuhalten. Von da an ließ ihn sein neues Hobby nicht mehr los. Bis zum Ende des Jahres hatte er ein vollständiges Notationssystem entwickelt und gut ein Jahr später bereits begonnen, wöchentlich Spielberichte für die Wolverhampton Wanderers anzufertigen – als Zuarbeiter für Manager Stan Cullis, unter dem die Wolves Anfang der 1950er-Jahre zu den dominierenden Klubs in England zählten. Drei Jahre später zog es ihn weiter zu Sheffield Wednesday, weitere Stationen folgten.

Reeps Hobby sollte bis zu seinem Tod im Jahre 2002 auch sein Beruf bleiben. Bereits im Jahre 1968 hatte er knapp 2500 Spiele mit dem von ihm entwickelten System analysiert. Eine beachtliche Anzahl und ein enormer Datensatz. Die Ergebnisse aus seinen Analysen publizierte er schließlich zusammen mit Bertrand Benjamin im *Journal of the Royal Statistical Society* (Reep und Benjamin 1968). Darin kam er unter anderem zu dem Schluss, dass 80 % aller Tore nach Spielzügen mit drei oder weniger Pässen fallen. Außerdem errechnete er, dass der Hälfte aller Tore ein Ballgewinn in der gegnerischen Hälfte vorausging sowie eine durchschnittliche Quote von 10:1 zwischen Schüssen und Torerfolgen – Zahlen, welche auch in Reeps weiteren Veröffentlichungen konstant bleiben sollten.

Mit seinen Analysen im Rücken festigte Reep seine Überzeugung, dass das Direktspiel mit langen Pässen (in England auch *long ball game, direct play* oder *route one football* genannt) die erfolgversprechendste Art ist, Fußball zu spielen. Damit war er nicht allein – auch andere Wissenschaftler schlossen sich Reep an und bestätigten in ihren Arbeiten seine Resultate. Und auch in nichtakademischen Kreisen fand Reep Zuspruch. Unter anderem Charles Hughes, späterer *Director of Coaching* des englischen Verbandes FA, traf sich 1981 mit Reep, um sich persönlich unterrichten zu lassen.

Dennoch ist die Geschichte von Charles Reep kein makelloses Märchen eines Datenjunkies, der den Sport revolutionierte, so wie es Jahre nach ihm Bill James im Baseball tun sollte. Bereits während seiner aktiven Zeit traf Reep nicht nur auf offene Ohren und Gegenliebe. Und auch posthum bemängelten Kritiker, darunter der eingangs erwähnte Wilson, immer wieder die undifferenzierte Betrachtungsweise Reeps. Nicht zu Unrecht, denn seiner zentralen Doktrin der 3-Pässe-Regel haftete ein entscheidender Mangel an: Reep hatte zwar insofern Recht, dass die meisten Tore kurzen Passstafetten folgten, doch er berechnete nicht mit ein, dass Sequenzen mit wenigen Pässen in einem normalen Fußballspiel viel häufiger auftraten als längere Ballzirkulationen. Seine Ergebnisse bestanden nur aus absoluten Häufigkeiten, bildeten jedoch kein geeignetes Maß für Effektivität.

Betrachtet man hingegen die Erfolgschancen von Passfolgen hinsichtlich der Häufigkeit ihres Auftretens, zeigt sich sogar, dass Aktionen mit drei oder weniger Pässen viel seltener zum Torerfolg führen. Eine kapitale Fehlinterpretation der Befunde und sinnbildlich für die vergleichsweise einfachen Modelle, welche Reep im Laufe der Jahre entwickelte. Andere Vorzüge des Ballbesitzfußballs mit langen Ballstafetten wie die Ermüdung des Gegners zog er gar nicht erst in Betracht.

Im Nachhinein ist nur schwer feststellbar, ob Reeps Ansicht von erfolgreichem Fußball die Folge fehlerbehafteter Analysen war oder ob er mit kruder Mathematik seine Vorstellungen zu untermauern versuchte. Den englischen Fußball hat er dennoch beeinflusst. Charles Hughes verwurzelte Reeps Ergebnisse über Jahrzehnte in den Lehrplänen der Football Association. Über Jahrzehnte prägte den englischen Fußball ein Spiel der langen Bälle – ein Umstand, auch heute noch in den unteren Ligen zu beobachten, an welchem Reep und seine Analysen maßgeblich beteiligt waren.

Gleichzeitig aber war er seinen Kollegen im Bereich der Spielanalyse gute zwanzig Jahre voraus. Er entwickelte das erste Handnotationssystem für den Fußball und zeigte eine außerordentliche Leidenschaft, in dem, was er tat. Bis zu 80 h verbrachte er damit, die im Stadion gefertigten Spielberichte auszuwerten. Bleiben seine Leistungen für den Fußball letztlich umstritten, seinen Platz als erster Spielanalyst in der Geschichte hat Charles Reep sicher.

Die Wissenschaft von Zettel und Stift

Über das von Reep entwickelte System ist wenig bekannt, doch im Laufe der Zeit wurden die Systeme beständig weiterentwickelt und schickten sich an, das auf dem Spielfeld Dargebotene immer detaillierter zu erfassen. Man hatte früh erkannt, dass für gefährliche Aktionen Szenen im offensiven Drittel des Spielfelds entscheidend waren. Darüber hinaus war es den frühen wie späten Spielanalysten immer wichtig, *wo* auf dem Platz die Aktionen stattfanden. Wie einst auch Hugh Fullerton begann man, das Feld in Zonen einzuteilen, und entwickelte feine Rasterfelder, um Ballaktionen lokal zu fixieren. Auch heute sind diese sogenannten Rasterfeldanalysen, wenn auch besser bekannt als Heatmaps, ein beliebtes Mittel, um Aufenthaltsorte von Spielern zu visualisieren. Über Sinnhaftigkeit und Aussagekraft dieser hübsch anzusehenden

Grafiken darf gerne diskutiert werden, sie zeigen jedoch das Bedürfnis und die Wichtigkeit, Ergebnisse nicht nur quantitativ festzuhalten, sondern sie dem Betrachter auch ansprechend aufbereitet zu vermitteln.

Der Wissenschaftler A. H. Ali aus Schottland nahm es derweil sehr genau. Auch er hatte ein Handnotationssystem entwickelt, mit welchem er speziell das Angriffsverhalten einer Mannschaft der ersten schottischen Liga unter die Lupe nehmen wollte (Ali 1986). Mit Zettel und Stift bewaffnet, verfolgte er Ende der 1980er-Jahre 18 Spiele und dokumentierte, auf der Haupttribüne sitzend, jeden einzelnen ihrer Angriffe. Seine Diagramme skizzierte er auf vorgefertigte Zeichnungen des Spielfelds samt Rasterfeldern, nach den Spielen versah er die einzelnen Spielzüge mit X-Y-Koordinaten. Eine Art analoger Vorgänger der Positionsdaten, wie wir sie heute kennen. Seine Ergebnisse hinkten der Komplexität seiner Methoden allerdings ein wenig hinterher: Für das von ihm untersuchte Team, so resümierte Ali, seien Angriffe über die Flügel am effektivsten gewesen, lange Bälle hingegen endeten meistens im Abseits.

Aufbruch in die digitale Ära

Auch wenn Handnotationssysteme für viele Jahre den Standard bildeten und ihr weitläufiger Einsatz den ersten Wissensschatz im Fußball begründeten, hafteten ihnen zwei entschiedene Mängel an: Nicht nur waren die Systeme für Laien schwer zu erlernen und benötigten eine gewisse Eingewöhnungszeit, auch war der Prozess des Notierens enorm zeitaufwendig. Pro Spiel gingen mehrere Stunden ins Land, bis alle Aktionen vollständig notiert und archiviert werden konnten (Pollard et al. 1988). Dies sollte sich mit zunehmend verfügbaren technischen Hilfsmitteln im Verlauf der 1990er-Jahre drastisch ändern.

In diesem Jahrzehnt sollte die Spielanalyse fast vollständig digitalisiert werden (Reilly 2003). Zwar arbeiteten Anfang des neuen Jahrtausends – und auch noch heute – viele Scouts und Spielbeobachter mit handgeschriebenen Notizen, fast jeder gibt diese am Ende des Tages jedoch in den Computer ein oder speist die Informationen in eine Datenbank. Vor allem die Erfassung von Spieldaten erfolgt seit Beginn des 21. Jahrhunderts ausschließlich digital.

Zunächst wurde die Dateneingabe revolutioniert, was das Sammeln von Spielinformationen enorm beschleunigte. Bereits 1987 entwickelten die Wissenschaftler Church und Hughes sogenannte Concept Keyboards (Church und Hughes 1987) (zu gleicher Zeit wurde in Kanada eine ähnliche

Technologie unter dem Namen Playpad bekannt), eine Art spezielle Tastatur, bei der Aktionen wie Pässe oder Paraden des Keepers jeweils mit einer eigenen Taste belegt waren – eine rasante Beschleunigung im Vergleich zum mühsamen Eintippen des Gesehenen (Abb. 2.5).

Noch schneller ging die Eingabe mit sogenannten Spracherkennungssystemen, welche einige Jahre später auf den Markt kamen. Jetzt war die Tastatur überfällig, das auf dem Spielfeld Gesehene wurde in vordefiniertem Code ins

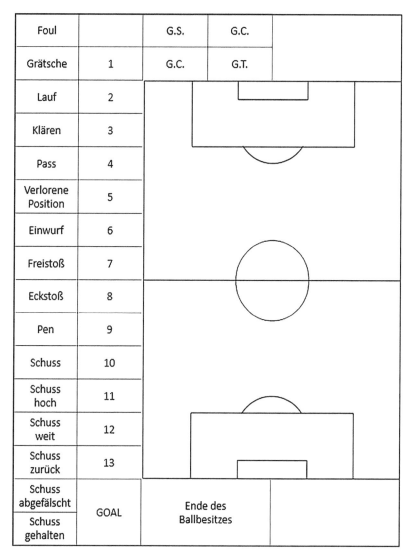

Foul		G.S.	G.C.	
Grätsche	1	G.C.	G.T.	
Lauf	2			
Klären	3			
Pass	4			
Verlorene Position	5			
Einwurf	6			
Freistoß	7			
Eckstoß	8			
Pen	9			
Schuss	10			
Schuss hoch	11			
Schuss weit	12			
Schuss zurück	13			
Schuss abgefälscht	GOAL	Ende des Ballbesitzes		
Schuss gehalten				

Abb. 2.5 Das sogenannte Concept Keyboard zur Dateneingabe für die Notationsanalyse im Fußball. (Nachgezeichnet von Hughes 1988)

Mikrofon gesprochen und gleichzeitig auf dem Bildschirm der Ort der Aktion auf einem virtuellen Spielfeld angeklickt.

Zunehmend wurde auch die Einbindung von stationären Videoquellen vorangetrieben (z. B. Franks und Nagelkerke 1988). In Deutschland hat Winkler bereits im Jahr 1989 als Erster versucht, mit zwei Kameras möglichst das gesamte Spielgeschehen auf dem Videobild sichtbar zu machen (Winkler 1989). Nur so ist es möglich, dass auch die Güte von langen Pässen beziehungsweise das Zusammenspiel der Angriffs- und Abwehrspieler adäquat beurteilt werden kann.

In den folgenden Jahren begann man, notierte Informationen zeitlich zu codieren und mit gespeicherten Matchvideos zu koppeln, sodass bei Bedarf per Mausklick Spielszenen basierend auf Spielinformationen herausgezogen werden konnten. Mit immer schneller arbeitenden Prozessoren wurde schließlich auch die Videoanalyse vom VHS-Rekorder auf den Computer verlegt. Mithilfe von Softwarepaketen zur Verhaltensanalyse konnten Analysten nun Videosequenzen „taggen", also jeder Spielszene Schlagworte zuordnen, um diese besser organisieren zu können. Bis heute bildet die Videoanalyse einen entscheidenden Teil der alltäglichen Arbeit eines Spielanalysten. Selbst die Spiele der U17- und U19-Bundesliga werden mittlerweile von einem Dienstleister aufgezeichnet.

Systematisch wurde auch in Deutschland in der Spielzeit 2001/2002 Videoanalyse zur Spielnachbereitung vom Institut für Sport und Sportwissenschaft der Universität Heidelberg unter der Leitung des Erstautors im Rahmen einer Kooperation mit der TSG Hoffenheim eingesetzt (Memmert 2014). Zum damaligen Zeitpunkt spielte der Verein noch in der Regionalliga Süd. In Zusammenarbeit mit Flick/Schön (TSG Hoffenheim, Hansi Flick ist ehemaliger Sportdirektor des DFB) wurden Absprachen hinsichtlich der Analysen der Heimspiele der jeweiligen Vereine getroffen (Abb. 2.6). Im Vorfeld der Saison wurden „Codes" für die Auswahl von relevanten Spielszenen festgelegt.

Die Aufgabe der jeweiligen Co-Trainer war es nun, während der Heimspiele „online" für sie bedeutende und wichtige Spielszenen mit Codes zu versehen. Dabei sprachen sie die entsprechenden Abkürzungen positiv/offensiv, positiv/defensiv, negativ/offensiv und negativ/defensiv auf ein Diktiergerät. Die vier möglichen Einteilungen der Trainer – ein 4-Felder-Schema – handelten von Spielaktionen, wobei immer die eigene Mannschaft im Zentrum des Interesses stand.

Parallel mit dem Anpfiff des Schiedsrichters (Synchronisationsmarke) zeichnete ein Team des Sportinstituts die Spiele im eigenen Stadion gleichzeitig

Abb. 2.6 Hansi Flick und Alfred Schön, Spielanalyse mit Diktiergerät in Hoffenheim, 2001. (© H. Flick und A. Schön)

videotechnisch auf. Den Trainern konnten schließlich ungefähr zehnminütige Videozusammenschnitte von wichtigen, selbst ausgewählten Spielszenen des letzten Heimspiels bereitgestellt werden.

Als später Ralf Rangnick Trainer von 1899 Hoffenheim wurde, sind großflächig auch für die Gegnervorbereitung alle Mannschaften in der Regionalliga (!) videotechnisch aufgenommen und im Anschluss mit dem Analyseprogramm PosiCap der Firma Master-Coach ausgewertet worden (Abb. 2.7). Heutzutage gibt es weltweit zahlreiche Dienstleister, die Spielanalysen für die Sportspiele anbieten.

Dabei geht auch die Videoanalyse auf einen Nordamerikaner zurück. Der Kanadier Roger Paul Neilson, geboren 1934 in Toronto, war wohl der erste Trainer, welcher systematische Spielanalysen in den Profisport einführte. Er hatte sich dem Eishockey verschrieben und coachte in seiner langen Karriere zahlreiche Klubs der National Hockey League, unter anderem die Peterborough Petes, die Toronto Maple Leafs und die New York Rangers. Er war bekannt für seine Hingabe und Innovationsfreude, so führte er beispielsweise weit vor vielen anderen Mannschaften seinen Spielern Videokassetten mit eigenen Spielszenen vor, was ihm den Spitznamen „Captain Video" einbrachte. Bis zu seinem Tode im Jahr 2003 sollte sich die Videoanalyse in vielen Sportarten über den ganzen Globus verbreiten.

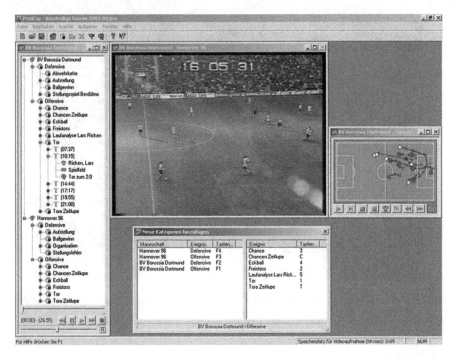

Abb. 2.7 Spielanalysesoftware PosiCap der Firma Master-Coach, Saison 2003/2004. (© Fa. Prozone Sports GmbH)

Interview mit Professor Dr. Lames, Sportwissenschaftler an der TU München

Ebenfalls global ist heutzutage auch die Sportspielforschung ein fester Bestandteil der Sportwissenschaft. Entwicklungen von Computersystemen zur Spielanalyse oder algorithmische Auswertungen von Spieldaten sind ein etablierter Bestandteil der akademischen Welt. Wie sich die universitäre Forschung im Laufe der Jahre den taktischen Aspekten des Fußballs angenommen hat, darüber sprachen wir mit Professor Dr. Martin Lames (Abb. 2.8).

Professor Lames promovierte 1989 an der Johannes Gutenberg Universität in Mainz über simulative Leistungsdiagnostik im Tennis, seine Doktorväter waren Manfred Letzelter und Jürgen Perl. Die Habilitation erfolgte 1997 an der Christian-Albrechts-Universität zu Kiel. Professorenstationen waren die Universitäten Rostock (1996) und Augsburg (2003). Seit 2009 bekleidet er den Lehrstuhl für Trainingswissenschaft und Sportinformatik an der TU München.

Abb. 2.8 Professor Dr. Lames, Sportwissenschaftler an der TU München. (© Prof. Dr. Lames)

Sehr geehrter Herr Professor Lames, wann war die Geburtsstunde der Match Analysis als universitäre Forschungsaufgabe in Deutschland?
Wenn auch nicht von einer „Geburtsstunde" und von „Match Analysis" die Rede sein kann, so kann man doch die ersten Ansätze in Richtung einer wissenschaftlichen Spielanalyse in Deutschland an der DHfK Leipzig verorten. Das dortige Institut für Sportspiele wurde von Hugo Döbler geleitet. Stiehler veröffentlichte die ersten Publikationen zur Methodik der systematischen Spielbeobachtung im Jahr 1962. Hier stellt auch die Arbeit von Köhler von 1967 einen Meilenstein dar, da darin schon früh die wesentlichen leistungsdiagnostischen Aufgaben der Spielanalyse formuliert wurden. Er wusste bereits damals, dass es wichtig ist, den komplexen Charakter der Spielleistung durch die Entwicklung einer Formel für die Berechnung des Leistungskoeffizienten mathematisch zu lösen, und startet damit bereits 1967 die Suche nach den KPIs.

Im Westen liegen die ersten leistungsdiagnostischen Ansätze für Spielsportarten 1971 von Hagedorn vor. Konzeptionell findet man hier ebenfalls bereits die gesamte Prozesskette von der Entwicklung eines Systems bis hin zum Einsatz im Training. Historisch auch sehr interessant ist das Projekt von Andresen et al. im Jahr 1977, wo ein damals eben erst erfundener PC aus dem Hause Nixdorf, Paderborn, mit einem Barcodeleser zur Registrierung von Aktionen im Basketball eingesetzt wurde.

Und im Ausland?

International reichen die Ansätze der amerikanischen *Stats* im Baseball bis ins späte 19. Jahrhundert zurück. Laut Aussagen amerikanischer Kollegen wurden die Stats lange Zeit in den Medien und von den Fans gepflegt und haben sich immer mehr zu einem umsatzstarken Geschäftszweig entwickelt. Erst in jüngerer Zeit rückt dagegen die Trainings- und Wettkampfsteuerung auf der Basis von Spielanalysen als Anwendungsfeld in den Vordergrund. Heute gehen Stats und Spielanalyse eine intensive Synthese ein, die den amerikanischen Profisportarten eine vor allem technologisch führende Stellung einräumt.

Erwähnenswert ist auch die Gruppe um Mike Hughes in Cardiff, der seinerseits aus der Schule von Thomas Reilly von der John Moores University in Liverpool hervorging und sich vor allem auf objektives Feedback für den Trainer über das Spielgeschehen fokussierte. Sein Ansatz der Spielbeobachtung, *Notational Analysis* (Handnotationsanalyse, Anm. d. Autoren), entwickelte sich mehr oder weniger parallel zu Deutschland, bis in die späten 90er-Jahre hinein, jedoch ohne einen Kontakt oder Austausch.

Welche universitären Entwicklungen kamen dann bis heute?

Hier fällt es schwer, allen Entwicklungen gerecht zu werden, weil natürlich die Spielanalyse mit den zunehmenden technischen Möglichkeiten ein enorm breites und international aufgestelltes Gebiet geworden ist. Sicher erwähnenswert ist die TESSY-Arbeitsgruppe um Jürgen Perl, der ab Mitte der 80er-Jahre in Mainz explizit „Sportinformatik" betrieben hat. Aus dieser Gruppe gingen fortschrittliche Hardwareentwicklungen, z. B. Datenbank- und Videokopplung, Spracheingabe, Ortseingaben via Digitalisierbrett, und Softwareentwicklungen, wie Expertensysteme, Informationssysteme, Klassifikation mit neuronalen Netzen zur Spielanalyse, hervor. Meine eigene Dissertation von 1989 zur simulativen Leistungsdiagnostik und meine Monografie zur systematischen Spielbeobachtung von 1994 sind hier sicher genauso zu nennen wie die praxisnahen Beiträge des Instituts für Sportspiele an der DSHS, beispielsweise von Weber, Maier, Kuhn, Bochow und Ferrauti.

Wie hat die wissenschaftliche Forschung die Einführung von Positionsdaten aufgenommen?

Die Verfügbarkeit von Positionsdaten bedeutete einen Einschnitt. Zunächst wurde dieser experimentell um die Jahrtausendwende, dann in akademischen Projekten wie z. B. von Beetz und mir an der TU München und der Uni Augsburg umfassend realisiert. Schließlich mit großem Ressourceneinsatz von kommerziellen Anbietern. Damit begann eine bisher noch nicht abgeschlossene Phase der Suche nach angemessenen Auswertungen und nach einer methodischen Absicherung der Generierung praxisrelevanter Daten.

Was waren die zentralen Themen auf den nationalen und internationalen Symposien? Worüber wurde in der Fachwelt besonders diskutiert?
Die immer größer werdende Datenmenge lenkte die Aufmerksamkeit schon früh auf geeignete Auswertungsmethoden. Ein Meilenstein ist die Unterscheidung zwischen Spielanalysen zu theoretischen und zu praktischen Zwecken, die sich in Design, Stichprobe, Methode und Zielstellungen unterscheiden – siehe beispielsweise meine Forschungsarbeiten mit Tim McGarry aus Kanada oder die DFG-Projekte von den Kollegen Perl und Memmert. Immer neue Konzepte, beispielsweise aus der Theorie dynamischer Systeme, werden eingesetzt, um die Natur der Sportspiele zu erfassen. Im Praxisbereich erkannte man bald, dass ein naives „Je-mehr-desto-besser" für die Bewertung der Variablen der Positionsanalysen im Fußball (Laufumfang und -intensität) nicht zutreffend ist.

Es ist also nicht alles Gold, was glänzt?
Es setzte auch hier die Suche nach praxisnäheren Indikatoren ein, die aber nur Teilaspekte des Spiels abbilden. Sie sollten daher auch nicht mit dem aus den Wirtschaftswissenschaften stammenden Modewort „Key Performance Indicators" belegt werden. Man kann im englischsprachigen Raum eine *practical impact debate* beobachten, die, ausgehend von der Feststellung, dass bisherige wissenschaftliche Untersuchungen nur wenig Einfluss auf das konkrete Training haben, nach angemesseneren Wegen der Spielanalyse für praktische Zwecke sucht, wobei auch qualitative Methoden eine Rolle spielen.

In einem Satz: Wie fällt ihr Fazit über die aktuellen wissenschaftlichen Entwicklungen in der Spielanalyse trotz dieser Kritikpunkte aus?
Insgesamt stellt sich die Spielanalyse angesichts des breiten Spektrums an internationalen Konferenzen und der Vielfalt der dort behandelten Themen als ein dynamisches und zunehmend prosperierendes Anwendungsfeld der Sportwissenschaft dar.

Die Geburt von X-Y

Auch die Positionsdaten, wie sie heute verwendet werden, sind ein Kind der Digitalisierung des Fußballs. Im Gegensatz zu anderen Datenquellen wurde ihre Entwicklung durch den technologischen Fortschritt nicht nur beschleunigt, sondern im Grunde erst ermöglicht. Zwar gab es auch Analysten früherer Tage, wie z. B. Ali, welche Spielzüge noch analog ins Koordinatensystem zeichneten (Ali 1986). Im Wesentlichen ist die Entstehungsgeschichte der Daten aber ein Zusammenspiel aus Innovationen im Bereich Software und Hardware.

Ein besonders kreatives Pilotprojekt unternahmen Wissenschaftler bereits um 1984 in der belgischen Region Flandern (Van Gool et al. 1988). Zu einem Freundschaftsspiel zwischen den Mannschaften der Katholischen Universität Löwen und der Universität Birmingham platzierten die Forscher eine Filmkamera auf einem der umstehenden Hochhäuser, von welchem sie den gesamten Platz auf 16 mm festhalten konnten. Aus 57 m Höhe und mit fünf Bildern pro Sekunde filmten sie den kompletten 7:0-Heimsieg der belgischen Studenten. Das Matchvideo aus der Vogelperspektive drehten sie jedoch nicht, um das Spiel einer herkömmlichen Videoanalyse zu unterziehen. Mit etwas Einfallsreichtum machten sie sich anschließend vielmehr an die Arbeit, aus ihrem Film den ersten Positionsdatensatz der Geschichte zu extrahieren.

Dazu projizierten sie die Aufnahmen auf ein X-Y-Koordinatensystem und digitalisierten das Bild mithilfe einer *Mutoh Drafting and Digitization Machine CX 3000*. Der Datensatz, abgespeichert auf Disketten, diente vor allem zur Untersuchung der physischen Leistungen von sieben ausgewählten Spielern, bei denen während der 90 min in regelmäßigen Abständen zusätzlich die Herzfrequenz gemessen worden war. So konnten die belgischen Wissenschaftler zeigen, in welchen Intensitätsstufen die von den Spielern durchschnittlich 10,2 gelaufenen Kilometer zurückgelegt wurden, und die Ergebnisse mit Herzfrequenz und Sauerstoffaufnahme korrelieren.

Der kommerzielle Start von „Player-Tracking-Technologien", wie sie heute zusammenfassend genannt werden, erfolgte gut zehn Jahre nach diesen eher improvisierten Pionierversuchen. Das französische Unternehmen Amisco entwickelte 1996 ein erstes marktreifes System, welches zunächst noch mit Wärmekameras arbeitete, um die Spieler zu lokalisieren.

Bereits 1998 nutzte die Nationalmannschaft Frankreichs das System zur Vorbereitung auf die FIFA Fußball-Weltmeisterschaft im eigenen Land (Castellano et al. 2014). Der ärgste Konkurrent der Franzosen kam damals aus England. Zumindest auf wirtschaftlicher Seite, wo das seit 1995 aus Leeds operierende Unternehmen Prozone mit einem ähnlichen System auf den Markt drängte. Sportlich waren die Rollen 1998 hingegen klar verteilt: Während Frankreich den Titel holte, scheiterte England bereits im Achtelfinale gegen Argentinien.

Bis Amisco und Prozone 2011 fusionierten, statteten die beiden Betriebe im Verlauf der Jahre die meisten aller europäischen Topligen mit ihren Kamerasystemen aus. Vier Jahre später, im Mai 2015, erwarb der amerikanische

Datenriese *Stats* dann den zum Global Player avancierten Trackinganbieter, dessen Datenbanken nach eigener Aussage die Profile von über 100.000 Spielern und 12.000 Events pro Jahr füllen. Allgemein hat sich die Entwicklung besonders in den letzten Jahren enorm beschleunigt. Die Liste der Anbieter von Trackingsystemen ist lang und ändert sich durch Übernahmen und Fusionen fast monatlich. Gleichzeitig steigt das Volumen an produzierten Daten rasant, fast jeder Topklub schöpft selbst im Training aus der neuen Datenquelle.

Neben dem klassischen Kameratracking, welches mittlerweile von Wärme- auf HD-Kameras umgestiegen ist, haben sich weitere Technologien zur Erfassung von Positionsdaten fest etabliert. Dazu zählen zum Beispiel Radar-basierte Systeme oder GNSS-Einheiten, welche von den Spielern getragen werden können. Beide Methoden entwickelten sich parallel zu den Kamerasystemen in den vergangenen Jahren bis hin zur Marktreife.

Bei ihrer Entstehung behilflich war auch die Militärforschung. So profitierten etwa die auf Radartechnik basierten Erfassungstechnologien von der Erforschung verschiedener Raketenlenksysteme. Die mithilfe von Satelliten arbeitenden GNSS-Transponder arbeiten häufig mit dem amerikanischen Satellitensystem GPS zusammen. Das vom US-Verteidigungsministerium entwickelte System zur Standortbestimmung war bis zur Jahrtausendwende für den nichtmilitärischen Gebrauch noch eingeschränkt. Um Missbrauch zu vermeiden, wurde das gesendete Signal mit künstlichem Rauschen überlagert, doch Anfang 2000 schaltete man diese Vorsichtsmaßnahme ab, sodass dem Gebrauch im Sport nichts mehr im Wege stand. Eine ausführliche Beschreibung der verschiedenen Techniken folgt im nächsten Abschnitt.

Auf dem Weg zur vollständigen Automatisierung

Eng verbunden mit und beständiger Katalysator der Entwicklung moderner Trackingmethoden waren auch die Fortschritte, welche in den letzten Jahren im Bereich der Software gemacht werden konnten. Elementar wichtig waren die Durchbrüche im Bereich der Bildverarbeitung. Erst diese ermöglichten es, aus mehreren Kameraperspektiven zuverlässig einzelne Spieler und ihre Bewegungen zu extrahieren. Heute finden Algorithmen zur Erkennung von Personen oder Gesichtern in (bewegten) Bildern eine Anwendung in zahlreichen Bereichen der Technik.

Darüber hinaus bilden komplexe Algorithmen die Basis zur Analyse der gesammelten Informationen. Ohne eine geschickte Verarbeitung und Auswertung der Datenmengen ist ihr sportlicher Mehrwert gleich Null, man spricht dann gerne von einer „allwissenden Müllhalde". Mit den richtigen

Modellen hingegen ist es möglich, die computergestützte Spielanalyse weitestgehend zu automatisieren, sodass komplexe Berechnungen bereits live während eines Spiels zur Verfügung stehen.

Im nordamerikanischen Raum hängt die Entwicklung von Softwarelösungen zur Analyse in ihren Anfängen mit Forschung zusammen, welche ebenfalls vom amerikanischen Verteidigungsministerium gefördert wurde. Bereits 2001 versuchten amerikanische Forscher verschiedene Angriffsvarianten im American Football aus Videoaufzeichnungen der New England Patriots zu klassifizieren (Intille und Bobick 2001). Die Idee der Untersuchungen war es, Muster in den Bewegungen von Menschengruppen automatisch zu erkennen und zu beschreiben.

Im Fußball standen in den ersten Positionsdaten-gestützten Untersuchungen zunächst physische Aspekte im Mittelpunkt, erst seit wenigen Jahren rückt nun mehr und mehr die Taktik in den Vordergrund. Um aus der Fülle von Informationen Rückschlüsse auf taktisches Verhalten ziehen zu können, bedarf es komplexer Algorithmen, von denen wir viele ab Kap. 9 dieses Buches genauer unter die Lupe nehmen werden.

Bis es so weit kommen konnte, mussten allerdings einige Hürden genommen werden. Zu Beginn der wissenschaftlichen Betrachtung der Fußballtaktik mithilfe von Positionsdaten gegen Ende der 2000er-Jahre war die Verfügbarkeit von großen Datensätzen an den Universitäten gering. Nicht jeder, der wollte, konnte auf die neue Datenquelle zugreifen, die Brücke zwischen Theorie und Praxis musste erst noch geschlagen werden. Aber Not macht bekanntlich erfinderisch, und so bedienten sich einige Wissenschaftler leichter zu beschaffender Alternativen. Während einige aus Videoaufzeichnungen die Spielerkoordinaten per Hand in den PC eintippten, bedienten sich andere virtueller Fußballsimulationen, wie wir sie von Spielkonsolen kennen.

Wiederum andere griffen zu Daten aus dem Roboterfußball, welcher in zwei Varianten bekannt ist: Bei der „realen" Version stehen sich entweder dem Mensch nachempfundene, sogenannte humanoide Roboter auf Miniaturspielfeldern gegenüber (Abb. 2.9a, b) oder etwas kleinere, fahrende Maschinen, welche den Ball aufnehmen, transportieren und wieder abwerfen können. Für die letztere Version gibt es darüber hinaus Computersimulationen: Hier stehen sich die elf Maschinen auf einem virtuellen Spielfeld gegenüber, ihr physikalisches Verhalten ist den Originalen nachempfunden.

Die Idee von Wettbewerben wie der jährlich stattfindende RoboCup ist vor allem die Förderung von intelligenten Algorithmen zur Steuerung mehrerer Agenten. Wer sich Videos von den etwas hektisch agierenden, virtuellen Minikickern im Internet anschaut, wird – auch in taktischer Hinsicht – eine zumindest rudimentäre Ähnlichkeit zum Spiel auf dem Rasen erkennen. Ob

a   b

Abb. 2.9 **a, b** Beispiele einiger humanoider Roboter. (Quelle: Roletschek 2013)

diese ausreicht, um Leistungsindikatoren für den Profifußball abzuleiten, sei an dieser Stelle dahingestellt.

Mittlerweile sind gute Datenquellen für Wissenschaftler jedoch zugänglicher geworden. Zwar gibt es immer noch kleinere technische Probleme, mit denen einzelne Systeme zur Erfassung von Positionsdaten zu kämpfen haben. Doch deren Behebung scheint aktuell nur noch eine Zeitfrage zu sein. In den nächsten Jahren dürfen darüber hinaus weitere Fortschritte in Sachen Genauigkeit und Verfügbarkeit erwartet werden. Spannender ist derweil die Frage, wie sich die algorithmische Verarbeitung der erzeugten Daten in den nächsten Jahren weiterentwickeln wird. Denn nur die geschickte Verwertung der Datenflut wird das volle Potenzial dieses neuen Kapitels der Spielanalyse entfalten können.

Interview mit Deutschlands erstem Sportinformatiker: Professor Dr. Jürgen Perl

Die Integration von IT-Technologien im Sport ist kein Phänomen, welches im Zuge der Digitalisierung des Sports exklusiv im Bereich der Fußballanalyse auftritt. Bereits seit den 80er-Jahren wächst die Sportinformatik als Schnittstelle zwischen Sport und digitalen Techniken beständig und hat sich sportartübergreifend als feste Größe in der Wissenschaftslandschaft etabliert.

Einer ihrer Gründungsväter in Deutschland ist Professor em. Dr. Jürgen Perl, Gründer und erster Präsident der International Association of Computer Science in Sport (IACSS) sowie Gründer der Sektion Sportinformatik der

Abb. 2.10   Professor Dr. Jürgen Perl: erster Sportinformatiker in Deutschland. (© Prof. Dr. J. Perl)

Deutschen Vereinigung für Sportwissenschaft (Abb. 2.10). Er entwickelte unter anderem das Spielanalysetool SOCCER©, welches in vielen der in diesem Buch vorgestellten Fallstudien zum Einsatz kommt. In einem Interview sprachen wir mit ihm über seine Forschungsbereiche, die Geschichte der automatisierten Spielanalyse und die jüngsten Entwicklungen im Bereich Positionsdaten.

Professor Dr. Perl, Sie sind Doktor der Mathematik, hatten Professuren für Angewandte Mathematik und Informatik an den Universitäten Osnabrück und Mainz und waren besonders im Bereich der Sportinformatik, unter anderem in der Deutschen Vereinigung für Sportwissenschaft (dvs) und der IACSS, tätig. Welches sind heute Ihre zentralen Forschungsbereiche?
Meine zentralen Forschungsbereiche sind allgemein die Modellbildung und Simulation, Medizininformatik sowie (natürlich) die Sportinformatik. Dabei liegen meine Schwerpunkte sowohl auf der physiologischen Leistungsanalyse, mit der Entwicklung der Produktfamilie PerPot, als auch auf der Muster- und Spielanalyse mithilfe neuronaler Netze mit der Produktfamilie DyCoN.

Sie waren in der Entstehung der automatisierten Spielanalyse wesentlich beteiligt. Können Sie einen knappen Überblick über die allgemeinere Geschichte der automatisierten Spielanalyse in Deutschland geben? Wann und wie begann diese?
Die Spielanalyse fand ihren Anfang um 1980 durch Hagedorn, der auf Basis von Onlinebeobachtungen erste Ansätze zur Erfassung und Analyse von Spieldaten im Basketball lieferte. In Zusammenarbeit mit mir entwickelten

wir daraufhin eine videobasierte Spielanalyse im Basketball. In einem nächsten Schritt entwickelte ich ein videobasiertes Spielanalysesystem zur Optimierung von taktischen Mustern im Badminton, woraufhin ab 1985 in einer Kooperation mit Miethling das ebenfalls videobasierte Spielanalysesystem TeSSy für Tennis entstand. Dieses System wurde dann auf die Spielsportarten Squash, Volleyball, Basketball und Handball sowie auf die Kampfsportarten Ringen und Fechten erweitert.

Wie verlief die Entstehung der automatisierten Spielanalyse weiter?
Ab 1990 wurden Regelsysteme (Grammatiken) zur Beschreibung und Simulation von Handlung und Interaktion in Rückschlagspielen, Mannschaftsspielen und Kampfsportarten entwickelt. Außerdem gab es erste Ansätze zur Verwendung von neuronalen Netzen, um Prozessmuster und taktische Muster zu erkennen. Um auch kleine, sich dynamisch verändernde Datenbestände analysieren zu können, entwickelte ich dann den dynamisch lernenden Netztyp DyCoN.

Erste produktive DyCoN-Analysen gelangen um 1995 im Volleyball zusammen mit Lames sowie im Handball durch Pfeiffer. Auch konnten Miethling und ich TeSSy-Varianten für Verhaltensanalysen unter Verwendung von „weichen" Daten im Tennis erstellen, woraufhin wir die TeSSy-Familie ab der Jahrtausendwende auf digitale Videodaten umstellen und diese zum Komplettsystem einschließlich automatischer Analyse, Datenbank und Simulation erweitern konnten.

Welche weiteren Entwicklungen gab es ab dem Jahr 2000?
Zusammen mit Memmert entstanden erste Ansätze zur Verhaltens- und Prozessanalyse im Fußball, wobei Kreativitätserkennung und Simulation als die wesentlichen Analyseziele galten. Ab 2005 setzte sich die Kooperation mit Professor Dr. Memmert dann in der Entwicklung von netzbasierten und prozessorientierten Analysemethoden für Fußball fort, speziell mit der Entwicklung des Konzeptes der Formationsmuster. Tilp und ich übertrugen den Formations-Muster-Ansatz schließlich konzeptionell auf den Handball.

Welches waren schließlich die neuesten Entwicklungen seit 2010?
Für die Fußballanalyse konnten endlich automatisch generierte Positionsdaten verwendet werden. Außerdem entwickelte ich das Analyseprogramms SOCCER zu einem modular erweiterbaren Komplettsystem für unterschiedliche Analysekonzepte, -methoden und -funktionalitäten. Seit dem letzten Jahr konzentrieren sich Memmert und ich auf die Analyse komplexer Prozesse und die Entwicklung prozessbasierter KPIs.

Wann gab es die ersten Aktivitäten im Hinblick auf die eben angesprochene automatische Positionsdatenerfassung?

Diese Aktivitäten gehen auf das Jahr 1989 zurück, im Kontext des ersten Workshops für Sport & Informatik in Hochheim, als Absichtserklärung des Fraunhofer-Instituts Nürnberg für Tennis. Erste Ansätze für die Positionsdatenerfassung im Fußball können durch das Fraunhofer-Institut Nürnberg in die Zeit nach 2000 datiert werden, mit der Entwicklung des Sekundärradars für Spielererfassung und einem Chip für die Ballerfassung.

Konnten die Verwendung von Roboterfußball und Simulationen für Feldstudien dabei wichtige Erkenntnisse für die Positionsdatenbestimmung und Spielanalyse liefern?

Roboterfußball (Stichwort: RoboCup) war in der Zeit nach 1995 bis ca. 2005 ein zentrales Thema in den Bereichen Spielsimulation und Robotik. Von der Computerindustrie gesponserte Turniere und spezielle Arbeitsgruppenaktivitäten bewirkten schnelle Anfangserfolge, zeigten aber auch schnell die Grenzen der Möglichkeiten und die eigentlichen Ziele der industriellen Nutzung auf: Die taktischen und technischen Fähigkeiten der Fußballroboter waren und blieben minimalistisch.

Wurden in diesem Programm auch die Spielanalyse und -simulation ohne Roboter betrachtet?

Spielanalyse und -simulation ohne Roboter waren zwar Bestandteil des Programms, wurde aber nicht gefördert. Die Orientierung bestand eher in der Entwicklung menschenähnlicher Roboterbewegungen und -interaktion mit dem Ziel „sozialer" Roboter. Diesem Ziel ist man in den letzten ca. fünf Jahren erkennbar näher gekommen.

Gibt es heute erste fortgeschrittenere Studien zur Verwendung von Positionsdaten für die Spielanalyse im Fußball?

Ja, diese sind im Vorfeld von SOCCER seit etwa 2005 und mithilfe von SOCCER seit etwa 2010 dokumentiert.

Literatur

Ali, A. H. (1986). A statistical analysis of tactical movement patterns in soccer. In T. Reilly, A. Lees, K. Davids & W. J. Murphy (Hrsg.), *Science and football* (S. 302–308). London: E. & FN Spon.

Castellano, J., Alvarez-Pastor, D., & Bradley, P. S. (2014). Evaluation of research using computerised tracking systems (Amisco® and Prozone®) to analyse physical performance in elite soccer: A systematic review. *Sports medicine, 44*(5), 701–712.

Church, S., & Hughes, M. (1987). Patterns of play in association football – A computerised analysis. In *Communication to first world congress of science and football*, Liverpool, S. 13–17.

Franks, I. M., & Nagelkerke, P. (1988). The use of computer interactive video in sport analysis. *Ergonomics, 31*, 1593–1603.

Fullerton, H. S. (1912). The inside game: The science of baseball. *The American Magazine, 70*, 2–13.

Hughes, M. (1988). Computerised notation analysis in field games. *Ergonomics, 31*, 1585–1592.

Intille, S. S., & Bobick, A. F. (2001). Recognizing planned, multiperson action. *Computer Vision and Image Understanding, 81*(3), 414–445.

Lyons, K. (1996). Lloyd Messersmith. In M. Hughes (Hrsg.), *Notational analysis of sport – I & II* (S. 49–59). Cardiff: UWIC.

Memmert, D. (2011). Sports and creativity. In M. A. Runco & S. R. Pritzker (Hrsg.), *Encyclopedia of creativity* (S. 373–378). San Diego: Academic.

Memmert, D. (2014). *Optimales Taktiktraining im Leistungsfußball*. Balingen: Spitta (Erstveröffentlichung 2006).

Memmert, D. (2015). *Teaching tactical creativity in team and racket sports: Research and practice*. Abingdon: Routledge.

Pollard, R. (2002). Charles reep (1904–2002): Pioneer of notational and performance analysis in football. *Journal of Sports Sciences, 20*(10), 853–855.

Pollard, R., Reep, C., & Hartley, S. (1988). The quantitative comparison of playing styles in soccer. In T. Reilly, A. Lees, K. Davids & W. J. Murphy (Hrsg.), *Science and football* (S. 309–315). London: E. & FN Spon.

Ralston, W. (1872). *Illustrations of the first international at Hamilton Crescent*. Public Domain. https://upload.wikimedia.org/wikipedia/commons/0/0f/1872_engl_v_scotland-3.jpg, https://upload.wikimedia.org/wikipedia/commons/2/2b/1872_engl_v_scotland_ralston.jpg, https://upload.wikimedia.org/wikipedia/commons/9/9c/1872_engl_v_scotland-4.jpg. Zugegriffen am 30.10.2016.

Reep, C., & Benjamin, B. (1968). Skill and chance in association football. *Journal of the Royal Statistical Society. Series A (General), 131*(4), 581–585.

Reilly, T. (2003). *Science and soccer* (S. 252–264). London: Routledge.

Roletschek, R. (2013). CC BY 3.0. https://upload.wikimedia.org/wikipedia/commons/4/4c/13-06-28-robocup-eindhoven-024.jpg, https://upload.wikimedia.org/wikipedia/commons/8/8b/13-06-28-robocup-eindhoven-005.jpg. Zugegriffen am 30.10.2016.

The A.G. Spalding Baseball Collection (Public Domain). https://upload.wikimedia.org/wikipedia/commons/2/26/Hugh_Fullerton.jpg. Zugegriffen am 30.10.2016.

Van Gool, D., Van Gerven, D., & Boutmans, J. (1988). The physiological load imposed on soccer players during real match-play. In T. Reilly, A. Lees, K. Davids & W. J. Murphy (Hrsg.), *Science and football* (S. 51–59). London: E. & FN Spon.

Wilson, J. (2011). *Revolutionen auf dem Rasen: Eine Geschichte der Fußballtaktik*. Göttingen: Die Werkstatt.

Winkler, W. (1989). Neue Wege in der Taktikschulung. *Fußballtraining, 7*(4), 46–50.

3

Messis Weg in den Computer

Die Technik macht's möglich

Am Anfang ist das Wollknäuel. Alle Aufenthaltsorte eines Spielers chrono-
logisch aneinandergereiht ergeben undurchschaubare Geflechte wie in
Abb. 3.1. In diesem Fall zeigen sie den kompletten Laufweg eines Mittelfeldspielers in der ersten Halbzeit einer gewöhnlichen Bundesligapartie –
seine sogenannte Trajektorie, aus welcher der Spielanalyst später seine
Schlüsse ziehen soll.

Bis dahin wird noch einiges mit den Daten geschehen, denn auf den ersten
Blick scheinen seine bloßen Bewegungen wenig aussagekräftig. Aber schon
jetzt lässt sich zumindest erkennen, in welchem Teil des Spielfeldes der Spieler
während der Partie operieren durfte. Die verschiedenen Bewegungsprofile
einzelner Akteure geben häufig bereits Aufschluss darüber, auf welcher Position der Spieler eingesetzt wurde. Welche Rolle er dabei eingenommen hat,
lässt sich noch nicht erkennen.

Doch bevor die elf Wollknäuel auf Herz und Nieren geprüft werden, bleibt
die Frage, wie 90 min vergossener Schweiß ihren Weg in den Computer finden. Wenn einer der besten Dribbelkünstler der Welt wie Lionel Messi
(Abb. 3.2) zu einem weiteren atemberaubenden Solo ansetzt, landet sein Laufweg nur kurze Zeit später zentimetergenau auf den Laptops der Analysten.
Dabei kommen nicht nur modernste technische Geräte zum Einsatz, sondern
auch die neuesten Methoden der Bildverarbeitung. Es gibt verschiedene Möglichkeiten zur Erfassung, aber die meisten von ihnen arbeiten heutzutage auf

© Springer-Verlag GmbH Deutschland, ein Teil von Springer Nature 2019
D. Memmert, D. Raabe, *Revolution im Profifußball*,
https://doi.org/10.1007/978-3-662-59218-2_3

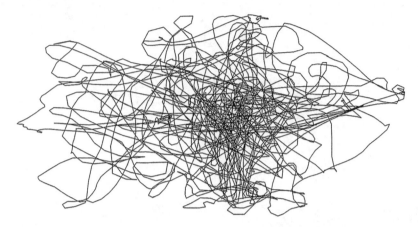

Abb. 3.1 Der komplette Laufweg eines Mittelfeldspielers in der ersten Halbzeit einer gewöhnlichen Bundesligapartie

Abb. 3.2 Lionel Messi setzt sich gegen vier Spieler des FC Valencia durch, 2018. (© Jose Breton/NurPhoto/picture alliance)

einem solch hohen Niveau, dass ihnen kein Haken oder Richtungswechsel entgeht. Während der ein oder andere Verteidiger seine Beine noch entknotet, ist Messis Solo bereits exakt skizziert. Selbst ein Künstler wie er ist nicht schnell genug für den Computer.

Ein Experte auf dem Gebiet der Positionsdatenanalyse ist Professor Dr. Arnold Baca (Abb. 3.3). Er studierte an der Technischen Universität Wien

Abb. 3.3 Professor Dr. Arnold Baca, ehemaliger Präsident der International Association of Computer Science in Sport. (© Prof. Dr. A. Baca)

Informatik und promovierte 1986 zum Doktor der technischen Wissenschaften. 1997 habilitierte er an der Grund- und Integrativwissenschaftlichen Fakultät der Universität Wien. 2008 wurde er zum Universitätsprofessor für Bewegungswissenschaft mit Schwerpunkt Biomechanik und Sportinformatik an die Universität Wien berufen. Dort leitet er die Abteilung Biomechanik/ Bewegungswissenschaft und Sportinformatik des Instituts für Sportwissenschaft. Der ehemalige Präsident der International Association of Computer Science in Sport kennt die Entwicklung verschiedener Systeme zur Erfassung der Spielerpositionen schon von Beginn an. Seine Forschungsschwerpunkte liegen im Bereich des Ubiquitous Computing im Sport, der Spiel- und Wettkampfanalyse sowie der biomechanischen Bewegungsanalyse.

„In den Anfängen waren es Handnotationssysteme und die Positionen der SpielerInnen wurden manuell eingegeben. Der Nachteil war hierbei, dass es insgesamt einen viel zu hohen Zeitaufwand hatte", erklärt Professor Baca. Wie lange es gedauert haben muss, die Standorte von 22 Spielern und dem Ball über den gesamten Verlauf eines Spiels in ein 2-D-System zu übertragen, ist leicht vorstellbar.

Seitdem hat sich einiges getan. Viele verschiedene Anbieter drängen mittlerweile auf den Markt und entwickeln immer besser funktionierende Möglichkeiten zur Positionserfassung. Die generelle Funktionsweise lässt sich aber kategorisieren, so Baca: „Aktuell gibt es drei verschiedene Systeme. Die auf GPS basierende Systeme, dann die videobasierenden Systeme unter der Verwendung von Methoden der Bildverarbeitung und als Drittes die radar- bzw. mikrowellenbasierenden Systeme." Alle drei bieten verschieden Vorteile – haben aber auch vereinzelt noch mit Problemen zu kämpfen.

Ortung aus dem Weltall

Das erstgenannte System, basierend auf Navigationssatellitensystemen wie dem vom US-Militär entwickelten GPS, kann heutzutage auf den Trainingsplätzen fast aller Profiklubs bestaunt werden (Abb. 3.4). Auch in der Bundesliga vertrauen immer mehr Vereine dieser Methode zur Leistungsüberwachung. So z. B. Borussia Dortmund, wo Trainer Thomas Tuchel fest auf die Dienste der neuen Technik baut.

In ihrer Funktionsweise unterscheiden sich die kleinen Trackingmaschinen kaum von einem modernen Smartphone, wie wir es im Alltag zur Navigation benutzen. Sie überzeugen dabei vor allem mit ihrer Einfachheit: Mehr als ein Transponder pro Spieler wird nicht benötigt, um die Daten zu sammeln, dazu gesellt sich noch ein Gerät, welches die Informationen von den Geräten empfängt, und eines, das die Akkus mit Strom versorgt. Das bedeutet für die Profivereine nicht nur deutlich geringere Kosten, sie sparen sich auch enormen logistischen Aufwand.

Ein weiterer Vorteil der GPS-Tracker entsteht durch die in den Geräten zusätzlich verarbeitete Sensorik. Die meist an einem Brustgurt angebrachten Transponder sammeln neben den Laufdaten auch eine ganze Reihe an

Abb. 3.4 Mario Götze und Marco Reus tragen GPS Transponder im Training von Borussia Dortmund, 2018. (© Guido Kirchner/picture alliance)

Fitnessdaten. Die Spieler tragen zwar nur ein einziges technisches Gerät am Körper, der Analyst bekommt aber gleich eine Vielzahl von Informationen. Das Spektrum an zusätzlicher Technik ist enorm. Fast standardmäßig kommt ein Herzfrequenzmesser (sogenannte Elektrokardiogramme) zum Einsatz, und je nach Anbieter wird sogar die Atemfrequenz der Spieler überwacht. Mit diesen Informationen lässt sich zeigen, wie groß die eigentliche körperliche Belastung eines Athleten ist. Außerdem soll so der aktuelle Fitnesszustand abgeschätzt werden, um erschöpfungsbedingten Verletzungen vorzubeugen. Wie diese Versuche aussehen, werden wir an späterer Stelle genauer erläutern.

Die eingesetzte Sensorik geht aber über die Erfassung biometrischer Daten hinaus: Um die Genauigkeit bei der Bestimmung der Spielerlaufwege zu erhöhen, kommen zusätzlich Beschleunigungssensoren (Accelerometer), Kreiselinstrumente (Gyroskope) und Kompasse zum Einsatz. Obwohl diese Messungen versprechen, schnelle Richtungsänderungen oder Kollisionen mit anderen Spielern noch detaillierter zu erfassen, offenbaren sie auch eine Schwäche: in Bezug auf die Genauigkeit der Positionen.

Während die Bewegungsabläufe der Spieler hervorragend beschrieben werden können, ist die Information, wo exakt diese Bewegungen auf dem Spielfeld stattgefunden haben, oft ungenau. Laut Arnold Baca ist dies einer von drei Schwachpunkten, welche die Satellitensysteme mit sich bringen: „Ein großer Nachteil ist, dass es nur Outdoor funktioniert und die Verwendung der GPS-Empfänger im Wettkampf im Allgemeinen nicht gestattet sind. Außerdem ist die Genauigkeit begrenzt."

Den Kameras entgeht nichts

Videobasierte Systeme hingegen kommen ohne zusätzliche Elektronik an den Spielern aus. Sie beruhen stattdessen auf der Kombination verschiedener Kameraperspektiven, welche von einer Vielzahl, meist unter den Stadiondächern installierten, Kamerasystemen erzeugt werden. Moderne Verfahren der Bildverarbeitung identifizieren die Spieler im Kamerabild, und ihre Laufwege können zudem über die verschiedenen Perspektiven nachvollzogen werden.

Laut Professor Dr. Baca ist der große Vorteil daran folgender:

> Die videobasierenden Systeme unter Verwendung von Methoden der Bildverarbeitung sind im Gegensatz zu den GPS-Systemen auch im Wettkampf einsetzbar, und es ist keine Sensorik an den Spieler(innen) von Nöten. Allerdings funktionieren die Systeme eher semiautomatisch und bei Verdeckungen und Verlust der Spieler(innen)positionen ist eine manuelle Intervention notwendig.

Dies bedeutet konkret: Die meisten Verfahren sind zwar imstande, die Spieler beider Mannschaften auf dem bewegten Bild zu erkennen, um welchen Spieler es sich genau handelt, wissen sie aber in der Regel nicht. Diese Information bekommen sie vom Spielanalysten, der dem erkannten Athleten den richtigen Namen zuordnet.

Problematisch wird es allerdings, wenn die Wege der Spieler sich kreuzen oder wenn die Spieler z. B. nach einem erzielten Tor eine Jubeltraube bilden. Häufig geht dann die Zuordnung verloren und muss neu erstellt werden. Auch unterschiedliche Witterungsbedingungen oder Beleuchtungen erschweren die Erkennung der Spieler, da sie ein zusätzliches Rauschen erzeugen.

Dieser Nachteil lässt die videobasierten Systeme nach heutigem Stand der Technik noch nicht vollautomatisch laufen, und bis die Daten fehlerfrei vorliegen, bedarf es meist einer Nachbereitung. Dass die Technologie jedoch noch Steigerungspotenzial hat, ist sich Baca sicher: „Das automatische Tracking wird kontinuierlich verbessert, z. B. über die Wahrscheinlichkeitsverteilung zum Aufenthalt von Spieler(innen) unter Berücksichtigung der Funktion."

Fest installierte Trackingmonster

Die dritte Alternative zur Erkennung der Spielerpositionen bieten die sogenannten „radar- bzw. mikrowellenbasierenden Systeme", wie Baca sie nennt. Ähnlich wie bei den GPS-Systemen tragen auch hier die Athleten kleine Transpondereinheiten am Körper, z. B. in einem Brustgurt oder in den Schienbeinschonern. Allerdings erfolgt die Ortung nicht über ein Satellitennavigationssystem, sondern direkt im Stadion: Mehrere fest installierte Empfängereinheiten sind rund um das Spielfeld zu finden und funken die von den Spielern getragenen Sender regelmäßig an. Trifft das ausgesendete Signal einen Transponder, schickt dieser umgehend elektromagnetische Wellen (im namensgebenden Frequenzbereich der Mikro- und Radiowellen) zurück.

Diese Wellen breiten sich gleichmäßig aus, treffen aber je nach Spielerposition zu unterschiedlichen Zeitpunkten bei den Empfängern ein. Aus den Informationen berechnet anschließend ein zentraler Server mittels Triangulation die genaue Position und schickt die Daten mit kaum merklicher Verzögerung an den Laptop des Analysten.

Das System liefert die Daten also in Echtzeit, außerdem „profitiert es von der hohen Genauigkeit und davon, dass es auch Indoor einsatzfähig ist", so Baca. Es bedarf jedoch einer aufwendigen Installation im Stadion oder auf dem Trainingsplatz. Dabei müssen nicht nur die Empfänger an Masten oder ähnlichen, möglichst hoch gelegenen Teilen der Infrastruktur montiert werden, sondern auch eine sorgfältige Kalibrierung ist von Nöten, damit die Positionen möglichst genau erfasst werden können. Was für den heimischen Trainingsplatz kein allzu großes Problem darstellt, ist bei Auswärtsfahrten oder Trainingslagern aufwendiger. Weiterhin gilt es zu bedenken, dass auch hier „der Einsatz nur im Training möglich ist, da das Tragen der Transponder im Wettkampf nicht gestattet ist", wie Baca ergänzt.

Das Problem des Einsatzverbots technischer Hilfsmittel an Spielern im Wettkampfbetrieb ist eine Einschränkung, die die mikrowellenbasierten Systeme mit den GPS-Trackern teilen. Dies könnte sich allerdings demnächst ändern, wie wir im nächsten Abschnitt erfahren werden. Bis dahin bleibt festzuhalten, dass Messi auf verschiedenen Wegen im Laptop des Analysten landet. Welcher der Beste ist, ist im Einzelfall abzuwägen, denn alle Systeme bieten ihre Vor- und Nachteile.

Je nachdem, ob die Daten im Training oder im Spiel gesammelt werden sollen, ob physische oder taktische Leistungsüberwachung im Vordergrund steht oder welcher finanzielle Rahmen dem Verein gesetzt ist, kann die Wahl anders ausfallen. Ein Aspekt darf jedoch nicht vergessen werden, so Baca: „Wesentlich ist, dass das verwendete System auch die Ballposition zuverlässig erfassen kann." Ohne das Spielgerät geht es nicht.

Interview mit Deutschlands erstem Sportinformatiker: Professor Dr. Jürgen Perl (Fortsetzung)

Mit Jürgen Perl sprachen wir zu Beginn bereits über die historische Entwicklung der computergestützten Spielanalyse. Er berichtete nicht nur über die Fortschritte im Bereich Software, sondern auch über die technische Seite der Materie. Zu diesem Thema nun der zweite Teil des Interviews:

Konnten sich bis heute verschiedene Techniken, wie stationäre LPM, Kamerasysteme und GPS-Tracker, etablieren? Wo liegen die Unterschiede und Probleme der Erfassungstechniken?
Die verschiedenen Techniken machen sich in der Analyse vor allem durch die unterschiedliche Qualität der Daten bemerkbar. Durch Erfassungsprobleme verursachte Datenfehler müssen aufwendig manuell korrigiert werden und/ oder erfordern bei der Datenanalyse diffizile Konsistenzanalysen, um gröbere Analysefehler zu vermeiden.

Mittlerweile sind automatisch erfasste Positionsdaten für Spieler aber in akzeptabler Qualität verfügbar.

Kann neben den Spielern auch die Ballposition ausreichend erfasst werden?
Dies erfolgt noch weitgehend manuell, und die Daten weisen teilweise noch gravierende Fehler auf.

Gibt es noch mehr aktuelle Problematiken?
Ja, gibt es. Die zentralen Fehlerquellen, die bereits auf dem Workshop 1989 in Hochheim ausführlich diskutiert wurden und inzwischen auch nicht wesentlich entschärft werden konnten, sind die Clusterbildungen von Spielern und die damit verbundenen Verdeckungen von Spielern und Ball (Kamerasysteme) oder Überlagerungen ungenauer Daten (GPS-Tracker), die zum Abreißen der Identifizierungssequenzen führen und jeweils eine erneute Kalibrierung notwendig machen.

Welche weiteren Probleme konnten bisher noch nicht zufriedenstellend gelöst werden?
Zum einen sinken mit der Anzahl der Kameras oder der Genauigkeit der GPS-Tracker zwar die Nachbearbeitungskosten, es steigen aber natürlich die Investitionskosten, und die Vergleichbarkeit der Daten, speziell ihrer Präzision, ist bei unterschiedlichen Installationen nicht mehr uneingeschränkt gegeben. Zum anderen ist schließlich insbesondere bei Anbietern mit Zwei-Kamera-Systemen und damit verbundener aufwendiger manueller Nachbearbeitung zu Zurückhaltung geraten.

Interview mit Ernst Tanner, ehemals Red Bull Salzburg

Welche Möglichkeit der Positionsdatenerfassung für eine Mannschaft die Richtige ist, kommt wie gesehen letztlich auf das gewünschte Einsatzgebiet an. Verschiedene Möglichkeiten sind vorhanden, einen Goldstandard gibt es nicht. Im Weiteren soll nun der Blick auf die Praxis gerichtet werden.

Dazu sprachen wir mit Ernst Tanner, ehemaliger Leiter der Nachwuchsabteilung des österreichischen Serienmeisters RB Salzburg (Abb. 3.5). Er besitzt die UEFA-A-Lizenz, war bis 2009 als Trainer diverser Jugendmannschaften beim TSV 1860 München tätig und leitete ab 2004 das dortige Nachwuchsleistungszentrum. 2009 wechselte er zur TSG 1899 Hoffenheim, zunächst als Leiter des Nachwuchsleistungszentrums, ab 2011 als Geschäftsführer Sport. Von 2012 bis 2018 war er Leiter „Nachwuchs und Akademie"

Abb. 3.5 Ernst Tanner, ehemaliger Leiter der Nachwuchsabteilung des österreichischen Serienmeisters RB Salzburg. (© E. Tanner)

des FC Red Bull Salzburg, seit 2018 ist er Sportdirektor beim amerikanischen Erstligisten Philadelphia Union. In einer der fortschrittlichsten Fußballakademien Europas sind Positionsdaten sein tagtäglicher Begleiter. Im Interview gibt er einen Einblick in seine Arbeit und erläutert die Wahl der optimalen Trackingtechnologie.

Sehr geehrter Herr Tanner, bitte geben Sie uns einen Einblick in den praktischen Einsatz von Trackingtechnologien. Mit welchen Systemen arbeiten Sie bei RB Salzburg im Juniorenbereich?
Wir haben in Salzburg auf drei Außenplätzen sowie in der Fußballhalle ein LPM-System (Local Position Measurement, Anm. d. Autoren) installiert. Das ist ein funkbasiertes System, mit dem die Position des Spielers auf dem Feld sowie sämtliche Bewegungen mit hoher Präzision erfasst und verfolgt werden können. Dazu sind wir auf zwei Außenplätzen und in der Halle mit einem optischen Balltrackingsystem ausgestattet.

Wann und wo kommen diese zum Einsatz?
Getrackt werden in erster Linie die älteren Akademiemannschaften U16 und U18 sowohl im Training als auch in den Heimspielen. Im Training werden hauptsächlich die athletischen Daten zur Trainingssteuerung herangezogen. Die Balldaten aus den Spielen bieten die Grundlage für die technisch-taktische Spielanalyse.

Wie bewerten Sie die verschiedenen Techniken auf dem Markt? Wann sollte man sich für welche entscheiden?

Zunächst einmal kommt es natürlich immer auf den Zweck an, für den man ein System nutzen möchte. Falls man nur Laufdaten im Sinne der Belastungsüberprüfung beziehungsweise zur Trainingssteuerung erhalten möchte, erscheinen die weit günstigeren GPS-basierten Systeme grundsätzlich ausreichend. Allerdings stellt sich schon die Frage nach der Validität der Daten, insbesondere bei Beschleunigungswerten. Diese können nach unseren Erfahrungen nur unzureichend bestimmt werden.

So gesehen sind funkbasierte Systeme klar im Vorteil. Allerdings sind diese viel teurer und meist stationär installiert bzw. ist die Mobilvariante etwas aufwendig aufzubauen. Wer viel unterwegs ist, hat hier also ein Problem. Ebenso verhält es sich bei optischen Trackingsystemen. Diese benötigen neben dem Installationsaufwand noch entsprechende zeitliche oder finanzielle Kapazitäten für die Nachbearbeitung der Datensätze.

Eine Universallösung gibt es also nicht?

Wer athletische Daten der Spieler aus den Trainings, aber auch die Balldaten erfassen will, um damit auch technisch-taktische Erkenntnisse aus den Spielen zu erhalten, muss im Moment noch auf die Kombination zwischen funkbasierten und optischen Systemen vertrauen. Daher gibt es auch keine Universallösungen, sondern es muss sich jeder seine individuelle Lösung zusammenstellen, je nachdem, welche Erkenntnisse er daraus ziehen will.

4

Datensammeln in der Bundesliga

Game-Changer IFAB-Entscheidung

Wie wir gesehen haben, gibt es viele Möglichkeiten, Positionsdaten zu generieren. Den Techniken, welche ohne Kamerasysteme auskommen, haftete bisher jedoch der Nachteil an, dass ihr Einsatz in Wettbewerbsspielen nicht gestattet war. Unter diese Regelung der FIFA fielen alle Systeme, bei denen die Spieler elektronische Geräte am Körper tragen mussten. Denn laut Statuten sind diese nicht zur Standardkleidung eines Profikickers gehörende Elemente auf dem Platz tabu.

Doch mit dieser Richtlinie hat die sonst eher als innovationsscheu geltende FIFA jüngst gebrochen, genauer gesagt das International Football Association Board, kurz IFAB. Das aus FIFA-Funktionären und Vertretern der britischen Verbände bestehende Gremium ist Hüter der internationalen Fußballregeln und bestimmt über etwaige Regeländerungen. Auf dem 129. jährlichen Treffen der IFAB Anfang 2015 in Belfast hat die IFAB nun beschlossen, das Tragen von Mikrochips im offiziellen Spielbetrieb prinzipiell zu gestatten (vgl. FIFA 2015a).

Die finale Entscheidung über den Einsatz obliegt jedoch den Verbänden, welche individuell entscheiden können, ob und in welchem Rahmen sie den Einsatz der neuen Technologien zulassen. Lediglich zwei Bedingungen müssen erfüllt sein, darauf pocht die IFAB in ihrem Schreiben an die FIFA-Mitglieder (vgl. FIFA 2015b):

© Springer-Verlag GmbH Deutschland, ein Teil von Springer Nature 2019
D. Memmert, D. Raabe, *Revolution im Profifußball*,
https://doi.org/10.1007/978-3-662-59218-2_4

Zum einen dürfen die getragenen Geräte die Gesundheit der Spieler auf dem Feld nicht gefährden – denn genau das Gegenteil sollen sie ja bewirken. Bevor eine Mannschaft aufs Feld gehen darf, wird deren neue Technologie vom Schiedsrichterteam genauestens geprüft und, stellt sie kein Risiko dar, genehmigt.

Die zweite Einschränkung der Verwendung betrifft die gesammelten Daten. Diese dürfen nur im mannschaftsinternen Betrieb verwendet werden. Eine Weitergabe an Dritte, insbesondere für kommerzielle Zwecke, wird untersagt. Darüber hinaus verbietet die Regelkommission den Gebrauch elektronischer Geräte in der technischen Zone rund um die Auswechselbank. Diese allgemeingültige Einschränkung betrifft auch die neuen Trackinggeräte: Auch wenn es möglich wäre, Livedaten in das aktive Coaching im Spiel einzubinden, soll die Leistungsanalyse erst in der Halbzeitpause oder nach Abpfiff erfolgen.

Nichtsdestotrotz hat sich die IFAB mit dieser Entscheidung für die Verwendung von Positionsdaten in den Stadien Europas ausgesprochen – ein deutliches Zeichen, was man sich in Zürich von den technischen Entwicklungen verspricht. Schaut man auf die jüngsten Entwicklungen, ist dies ein logischer, wenn nicht sogar überfälliger Schritt. Die Möglichkeiten, die uns das 21. Jahrhundert bietet, sind auch für den Fußball enorm spannend und mehr als eine Überlegung wert. Auch in den Diskussionen um Torlinientechnologie und Videobeweis zeichnet sich dies ab. Während Erstere bereits den Einzug in den Ligaalltag geschafft hat, ist die Diskussion um Letzteren aktueller denn je. Die ersten Testphasen laufen bereits.

Dabei sind es nur die neuesten Errungenschaften in einer Reihe von Neuerungen, welche der Fußball über die Jahre erfahren hat. Vor allem Regeländerungen haben das Spiel immer wieder verändert und zu dem gemacht, was wir unter modernem Fußball verstehen. Da wäre zum Beispiel die Einführung der Abseitsregel oder die Änderung der Punkteregel, was dem Sieger einer Mannschaft ab der Saison 95/96 (in der Bundesliga) drei statt der damals üblichen zwei Punkte einbrachte.

Dass Regeländerungen kritisch beäugt werden, ist dabei nichts Neues. Während die Drei-Punkte-Regel heute zur Selbstverständlichkeit geworden ist, stimmten bei ihrer Einführung noch 66 % der Bundesligaprofis gegen die Neuerung. Leverkusens damaliger Trainer Erich Ribbeck bezeichnete sie sogar als „Schwachsinn" (vgl. Nedo 2015). Bereits bei der ersten Niederschrift allgemeingültiger Regeln durch die englische Football Association im Jahr 1863 wurde über selbige heiß diskutiert. Zentrum der Debatte war damals das sogenannte Hacking – das absichtliche Treten an das gegnerische Schienbein. Die Befürworter dieses – sagen wir taktischen – Mittels konnten sich letztendlich nicht durchsetzen (Wilson 2012).

Der Stand in der Bundesliga – Interview mit dem Geschäftsführer der DFL-Gesellschaft Sportec Solutions: Dr. Hendrik Weber

Demnächst dürfen wir uns also auch auf GPS- oder radarbasierte Tracker in der Bundesliga freuen. Doch bereits jetzt kommen in Deutschlands beiden Spitzenklassen ausgefeilte Trackingsysteme auf Videobasis zum Einsatz. Diese ließ die Deutsche Fußball Liga bereits zur Saison 2011/2012 installieren und sammelt seitdem fleißig die Daten aller Partien der ersten und zweiten Bundesliga. Und die Situation in der Bundesliga ist in einem Aspekt einzigartig in Europa, denn die DFL legt Wert darauf, dass alle 36 Vereine Zugang zu den neuen Informationen haben. Sie erhebt und verteilt diese zentral – jede Mannschaft kann so nicht nur die Leistungen der eigenen Spieler analysieren, sondern hat auch vollen Zugriff auf die Daten der anderen Klubs. Wie die Daten schließlich analysiert werden, muss jedoch jeder Klub für sich entscheiden.

Nun muss die DFL außerdem überlegen, wie sie tragbare Trackingsysteme in die Bundesliga integrieren will. Nach der Grundsatzentscheidung der IFAB liegt es an ihr, eine vernünftige Regelung für die deutschen Spitzenklassen zu finden. Über dieses Thema sprachen wir mit Dr. Hendrik Weber, der als Geschäftsführer der DFL-Gesellschaft Sportec Solutions wesentlich in die Entscheidungsfindung involviert und gesamtverantwortlich für die Themen Spielanalyse sowie Datenerhebung und -vermarktung ist (Abb. 4.1).

Abb. 4.1   Dr. Hendrik Weber, Geschäftsführer der DFL-Gesellschaft Sportec Solutions (© Dr. H. Weber)

Die Sportec Solutions GmbH steuert unter anderem eine der weltweit umfangreichsten Live-Datenerhebungen im Fußball. Zudem ist er Mitglied der FIFA-Expertengruppe „Electronic Performance and Tracking Systems" sowie Initiator der Arbeitsgruppe „Spielanalyse" der 36 Profiklubs in der ersten und zweiten Bundesliga. Außerdem ist er Koautor mehrere wissenschaftlicher Publikationen und Studien im Bereich Sportinformatik sowie Beirat beim Masterstudiengang „Spielanalyse" an der Deutschen Sporthochschule in Köln.

Sehr geehrter Herr Dr. Weber, hinsichtlich der Verwendung von tragbaren Messgeräten wie etwa GPS-Einheiten hat die Regelkommission IFAB die Verantwortung jüngst an die jeweiligen Ligen und Verbände weitergereicht. Diese müssen nun über geeignete Regelungen entscheiden. Wie steht es dabei um die Bundesliga?
Nach der Entscheidung der FIFA für die Saison 2015/2016 wurde beschlossen, sogenannte Wearables zunächst nicht im Spielbetrieb zu nutzen, da damals aus Sicht der DFL noch zu viele Fragen ungeklärt waren. Stattdessen wurde ein sogenanntes Club Task Board aufgesetzt, eine Expertengruppe, mit welcher daraufhin alle relevanten Aspekte besprochen wurden – darunter zum Beispiel sportliche und rechtliche Fragen. Danach sind wir zu dem Ergebnis gekommen, „Elektronische Leistungs- und Aufzeichnungssysteme", kurz ELAS, ab der Saison 2016/2017 prinzipiell zuzulassen.

Mit „wir" sind in diesem Fall die Vereine, also der Mitgliederversammlung, gemeint, der die Entscheidung als dann freigegeben und in die Lizenzordnung übernommen hat. Die Klubs können nun, wenn sie ELAS für ihre Zwecke nutzen wollen, die Verwendung bei der DFL beantragen. Gibt die DFL das jeweilige Gerät frei, können die Vereine es dann in allen Wettbewerbsspielen nutzen, welche uns als Wettbewerbshüter betreffen.

Wie kam die Entscheidung bei den Vereinen an?
Die Generalversammlung hat erst vor Kurzem getagt und diese Entscheidung getroffen (Stand August 2016, Anm. d. Autoren). Daraufhin ging das Schreiben an die Klubs raus. Somit haben diese erst seit wenigen Tagen die Information, dass ELAS zugelassen sind, und daher kann ich zum jetzigen Zeitpunkt auch noch nicht viel zu den Zahlen der Beantragungen sagen. Es gibt aber einen Klub, der die Nutzung bereits beantragt hat. Nach unserer Einschätzung werden die anderen Klubs sukzessiv folgen.

Welche Gründe haben die DFL zu ihrer Entscheidung bewegt? Was versprechen sich die jeweiligen Verantwortlichen von der Zulassung bzw. Nutzung der Geräte?

Die Entscheidung war geprägt durch die offene Haltung gegenüber Innovationen seitens der DFL, welche prinzipiell an den Einsatz von Technologien im Sport allgemein und besonders im Fußball glaubt und diese deswegen auch unterstützt. Am Ende entscheidet ohnehin der Klub, ob er die Hilfsmittel benutzen möchte, und nicht wir. Und die Klubs sind, nach meinem Kenntnisstand, an diesen Möglichkeiten sehr interessiert. Zum Beispiel, um Spieler in ihren Einsätzen nach längerer Verletzungspause genauer zu analysieren, damit diese den optimalen Weg zurück ins Spiel finden, ohne sich erneut zu verletzen. Meines Wissens ist dies im Moment das Hauptanwendungsziel der Vereine. Es wäre natürlich super, wenn eine technisch-taktische Komponente hinzukommt. Aber tatsächlich wurde die Nutzung im Moment aus dem athletischen Bereich getriggert.

In welchem Rahmen darf eine Mannschaft die Geräte verwenden?

Mit der Freigabe ist es den Klubs erlaubt, ELAS prinzipiell im Spielbetrieb der DFL zu tragen – natürlich limitiert auf die interne Spielanalyse inklusive Leistungsanalyse. Das heißt, es ist keine kommerzielle oder werbliche Nutzung erlaubt, und es ist nicht erlaubt, Livedaten in der technischen Zone zu verwenden. Es gibt verschiedene Hersteller, und den Klubs ist es freigestellt, für welchen sie sich entscheiden.

Die einzelnen Anbieter können durchaus unterschiedliche Vitaldaten mitliefern, so haben manche Messungen zu Herzfrequenzen mit drin, manche nicht. Manche machen die verschiedensten Messungen, aber die Klubs wählen letztlich für ihre Zwecke aus, und solange die Nutzung intern bleibt, ist das in Ordnung. Das bedeutet: Zunächst sind die Geräte hinsichtlich der Sensoren nicht limitiert – sobald ein Klub sich für ein Gerät entschieden hat und es freigegeben wird, ist dies erlaubt und von unserer Seite aus genehmigt.

Wovon hängt diese Genehmigung in der Praxis ab?

Ein Kriterium bei der Freigabe ist die Verletzungsgefährdung der Spieler und Schiedsrichter durch die Chips. Stellen sie keine Gefährdung dar – und ist zudem ihre Nutzung technisch und technologisch umsetzbar – ist es in Ordnung.

Sie sagten, die Daten dürfen nicht live in der technischen Zone, also „online" verwendet werden …

Ja, die Daten online nachzusehen ist verboten. Dies ist aber eine Vorgabe der FIFA und nicht der DFL. Als Vertreter eines Vereins könnte man durchaus sagen, dass man diese Vorgabe als nicht sinnvoll betrachtet. So ist es zum Beispiel verboten, Schiedsrichterfehlentscheidungen nach Ansicht auf einem Tablet an die Bank mitzuteilen. Doch diese Regelung sollte überdacht werden, das wäre der nächste logische Schritt, wenn die Technologie genutzt werden soll. Denn die Informationen werden womöglich sowieso an die Bank geschickt, sei es per SMS oder per Smartwatch. Auch wenn dies offiziell nicht erlaubt ist. Der Grund dieser Einschränkung seitens der FIFA ist die Angst, dass ein technisches oder mobiles Gerät an der Seitenlinie eingesetzt wird und der Schiedsrichter dann nicht mehr zwischen bewegtem Bild und Daten auf dem iPad unterscheiden kann. Durch den Videobeweis wird diese Regelung jedoch irgendwann fallen.

Im Land des Weltmeisters werden die Daten von der DFL zentral erhoben und verteilt. Wie sieht es außerhalb der Bundesliga aus, gibt es eine Zusammenarbeit der europäischen Topligen?

Spanier oder Engländer schauen neidisch auf die Bundesliga, denn ein Club-Sharing gibt es im internationalen Bereich noch nicht. Auch eine paneuropäische Regelung wird noch eine Weile dauern, da es hier auch um Rechte geht und jeder Wettbewerb zunächst national geregelt ist. Und in anderen Ländern merkt man bereits, wie die Solidarität außerhalb des Klubs aufhört. In Deutschland ist dies glücklicherweise nicht der Fall. Hier sieht man hingegen die Vorteile des Datenaustauschs, von dem alle etwas haben und die Liga so insgesamt verbessert wird.

Kann die Regelung in Deutschland denn als Vorbild für die europäischen Ligen dienen? Von einem internationalen Datenaustausch könnte doch zum Beispiel das Scouting profitieren?

Den Gedanken eine Ebene höher zu legen und zu sagen, dass dieses Modell für alle Ligen gut wäre, ist aktuell nicht umsetzbar. Aufgrund verschiedener Befindlichkeiten ist dieses Szenario vielmehr in weiter Ferne. So wollen englische Klubs beispielsweise bei Spielen in der Champions League – gegeneinander oder gegen deutsche Mannschaften – nicht vom Gegner ausspioniert werden.

Zum Thema Scouting kann gesagt werden, dass vor allem viele Firmen diese Daten gerne nutzen würden. Aber die Geschäftsmodelle, die dahinterstehen, sind eher Geschäftsmodelle, welche dann außerhalb der Klubs und

Ligen stattfinden würden. Deswegen wird das von unserer Seite aus auch nicht weiter betrachtet. Dennoch wäre es für die UEFA empfehlenswert, dass sie immerhin anfangen sollte, für UEFA-Wettbewerbe, also Champions League und Europa League, zentrale Trackingdaten zu erheben und diese in vollem Umfange an alle Teilnehmer zu verteilen. Im Moment findet auch das nicht statt – es wäre aber ein erster Schritt in die richtige Richtung.

Literatur

FIFA. (2015a). *129th Annual general meeting of the International Football Association Board.* http://resources.fifa.com/mm/document/affederation/ifab/02/60/90/85/2015agm_minutes_v10_neutral.pdf. Zugegriffen am 22.08.2019.

FIFA. (2015b). *Approval of Electronic Performance and Tracking System (EPTS) devices.* http://resources.fifa.com/mm/document/affederation/administration/02/66/27/59/circularno.1494-approvalofelectronicperformanceandtracking-system(epts)devices_neutral.pdf. Zugegriffen am 22.08.2019.

Nedo, J. (2015). Vom Schwachsinn zum Standard. *Der Tagesspiegel,* 16. August. http://www.tagesspiegel.de/sport/20-jahre-drei-punkte-regel-vom-schwachsinn-zum-standard/12190850.html. Zugegriffen am 22.08.2019.

Wilson, J. (2012). *Revolutionen auf dem Rasen: Eine Geschichte der Fußballtaktik.* Göttingen: Die Werkstatt.

5

Auf der Suche nach dem heiligen Gral

Moneyballs Erben

Berichte über Datenanalyse im Leistungssport sind im Zeitalter von Big Data überall anzutreffen. Und es scheint so, als wären die Verantwortlichen vieler Sportarten mittlerweile auf den Geschmack gekommen. Kein Wunder, denn je ausgereifter eine Sportart, desto schwieriger gestaltet sich die Suche nach Wettbewerbsvorteilen, desto kreativer und zuweilen unkonventioneller werden die Ansätze. In diesem Zuge ist dann oft die Rede von „Moneyball" – ein Begriff, synonym angeführt für den märchenhaften Aufstieg des US-amerikanischen Baseballklubs der Oakland Athletics um die Jahrtausendwende (Abb. 5.1).

Für die finanziell in der Profiliga Major League Baseball nicht konkurrenzfähigen A's, wie sie in den USA auch genannt werden, verwirklichte sich der amerikanische Traum einer jeden Mannschaft: vom abgeschriebenen Underdog zum gefeierten Champion. In der Geschichte um Manager Billy Beane spielen aber nicht etwa Teamgeist und Einsatzwille die Hauptrolle (Abb. 5.2), sondern die analytischen Überlegungen des leidenschaftlichen Baseballfans Bill James, welcher mit seinen statistischen Auswertungen nicht nur dem Team aus Oakland zum unverhofften Aufstieg verhalf, sondern ganz nebenbei auch den gesamten Sport umkrempelte.

Natürlich gehören Revolutionen zur Entwicklung des Sports und jede Sportart schreibt ihre eigene Geschichte. Sie können praktischer oder taktischer Natur sein, durch Regeländerungen „von oben" bewirkt werden oder mit den technologischen Entwicklungen einhergehen. Neu bei Moneyball war ein Aspekt, welcher in Mannschaftssportarten zuvor weitestgehend unterschätzt wurde: systematische Spielanalyse mit der Hilfe nackter

Abb. 5.1 Teamlogo der Oakland Athletics 1993. (Oakland Athletics 1993)

Abb. 5.2 Billy Beane, legendärer Manager von Oakland. (Farmiloe 2006)

Zahlen. Zwar wurden Statistiken zu diesem Zeitpunkt bereits in die sportliche Entscheidungsfindung eingebunden. Doch die von James entwickelten Modelle waren schlichtweg besser – und hoben den Bereich auf ein völlig neues Level.

Der bahnbrechende Ansatz brachte den Athletics entscheidende Vorteile auf dem Transfermarkt, denn mit ihren Methoden schafften sie es, weitestgehend unterschätzte Spieler günstig zu verpflichten und den finanziellen Nachteil zu Baseballschwergewichten wie den Yankees oder Red Sox auszugleichen. Zwischen 2000 und 2003 erreichten sie drei Mal nacheinander die Play-offs und stellten eine bis heute unerreichte Siegesserie von 20 ungeschlagenen Spielen in Folge auf die Beine – ein Erfolg, den kein Experte dem Team aus Kalifornien zugetraut hatte.

Die Geschichte klingt eher nach Hollywood als nach wahrer Begebenheit, denn neben sportlicher Erfolgsstory liefert sie mit dem innovationsfreudigen Manager Beane und dem sympathischen Zahlenversteher James Held und Antiheld gleich mit. So ist es kaum verwunderlich, dass nach der namensgebenden literarischen Aufarbeitung durch Michael Lewis (Lewis 2004) auch der sehenswerte, gleichnamige Streifen „Moneyball" auf den Leinwänden erschien. Heute ist „Moneyball" nicht nur jedem Baseballzuschauer ein Begriff. Fans aller Sportarten haben die Erfolgsstory aufgenommen und sich längst auf die Suche nach ihrem eigenen Bill James begeben.

Und das wortwörtlich, wenn man auf die Aussagen von Gavin Fleig, Chef der Analyseabteilung vom englischen Fußballklub Manchester City, schaut. Dieser hatte im Jahr 2012 in Kooperation mit der Datenfirma Opta den teameigenen Datensatz einer kompletten Premier League Saison zur freien Verfügung gestellt. „Bill James setzte die Analyse-Revolution im Baseball in Gang. Das hat einen echten Unterschied gemacht und sich fest in den Sport integriert. Irgendwo auf der Welt sitzt der Bill James des Fußballs, der alle Fähigkeiten besitzt und diese einsetzen möchte, aber dem die Daten fehlen. Wir wollen helfen diesen Bill James zu finden, nicht unbedingt für Manchester City, sondern zum Wohle der Spielanalyse im Fußball", begründete er damals die Herausgabe der für gewöhnlich streng vertraulich behandelten Informationen (vgl. Hunter 2012).

Der kurzfristige Erfolg von Fleigs Versuch blieb überschaubar, aber er zeigt, mit welchen Erwartungen selbst Verantwortliche von absoluten Spitzenklubs der gesteigerten Datenflut entgegentreten. Ob Basketball, Golf, American Football oder Fußball – die Suche nach der Erfolgsformel läuft in fast jeder Sportart auf Hochtouren. Dass Baseball diesen Stein ins Rollen gebracht hat, ist aber bei Weitem kein Zufall, sondern bedingt sich größtenteils durch die vergleichbar einfach zu analysierende Natur des Sports. Obwohl Mannschaftssport, lässt sich Baseball enorm effektiv auf einzelne Aktionen und individuelle Leistungen herunterbrechen. Zudem spielt die Komponente Zeit quasi keine Rolle, da die Aktionen auf dem Feld linear aufeinander folgen.

Was im Baseball gut funktioniert, lässt sich in der Praxis also nicht ohne Weiteres auf andere Mannschaftssportarten übertragen. Sportspiele wie Fußball, Basketball oder Hockey sind weitaus dynamischer, die Übergänge sind fließend, viele Akteure interagieren auf komplexe Weise und formen so ein nichtlineares Spielgeschehen. Kurzum: Es lässt sich auf den ersten Blick schlechter in Zahlen ausdrücken, was auf dem Spielfeld passiert. Im Fußball kommt der Umstand, dass nach 90 min mitunter nur ein einziges gefallenes Tor über Sieg oder Niederlage entscheidet, erschwerend hinzu.

Mit der Einführung von Positionsdaten haben sich jedoch in einer ganzen Reihe von Sportarten völlig neue Möglichkeiten eröffnet. Bevor wir uns in den restlichen Kapiteln dieses Buches wieder ausschließlich mit Fußball beschäftigen werden, wollen wir zunächst einen Blick über den Tellerrand werfen. Denn im Stil von Moneyball sind nicht nur im Fußball die nächsten Revolutionen längst im Gange. Ob Mannschafts- oder Einzelsport, Positionsdaten lassen sich heute in vielen Sportarten finden.

Es ist eine lange Liste, auf der sich z. B. American Football, Basketball, Hockey, Tennis, Beachvolleyball, Leichtathletik oder sogar der Motorsport und der Eisschnelllauf wiederfinden. Da sich auch erfahrene Fußballtrainer immer wieder neue Impulse aus Trainingslehre und Spieltaktik anderer Sportarten holen, soll an dieser Stelle der Stand der Technik einiger anderer Bereiche vorgestellt werden. Den Anfang macht standesgemäß das Baseball.

Baseball: Versuchslabor der Datenfreaks

Mit den Erfolgen der Oakland Athletics während der Moneyball-Jahre begann im Baseball ein neues Zeitalter der Spielstatistiken. Heute ist das Aufstellen und Auswerten von Analysen zur Bewertung von Spielern nicht nur beliebtes Hobby einer riesigen Fangemeinde, sondern auch fest verankert im Spielbetrieb der Profivereine. Und im allgemeinen Sprachgebrauch. Das Kofferwort *Sabermetrics,* zusammengesetzt aus der Abkürzung *SABR* (Society for American Baseball Research) und dem englischen *metrics,* deutsch etwa „Kennwert", hat sich etabliert und steht synonym für die zahlenorientierte Betrachtungsweise des Sports.

Sabermetrics ist derart beliebt, dass technische Innovationen von den Fans regelrecht herbeigesehnt werden. Skepsis gegenüber Neuerungen sind im technikaffinen Amerika auch bei Fans von Yankees und Co. nicht zu verspüren, es überwiegt die Lust auf Neues. So erfreute sich zum Beispiel das von der Firma Sportvision entwickelte und 2006 zum ersten Mal eingesetzte System PITCHf/x großer Beliebtheit. Zwei Kameras zeichneten jeden Wurf (Pitch) auf und zerlegten diesen bis ins Detail. Erfasst wurden zum Beispiel die Wurfgeschwindigkeit, die Flugkurve oder der genaue Ort, wo der Ball die Homebase erreicht, an welcher der Schlagmann (Batter) auf den Ball wartet. Ob Curve-, Fast-, oder der spätestens seit Cristiano Ronaldos Freistoßkünsten auch im Fußball bekannte Knuckleball, mit der neuen Technik konnten die Zuschauer selbst die ungewöhnlichsten Flugkurven punktgenau verfolgen.

Doch damit nicht genug. Neun Saisons später wurde PITCHf/x bereits wieder abgelöst und durch Statcast ersetzt. Nach einer Probesaison ist Statcast mittlerweile in allen Stadien der Major-League-Baseballteams installiert und eröffnet eine ganze Palette an nie da gewesenen Möglichkeiten. Das System kombiniert Videotracking, wie es auch in der Bundesliga eingesetzt wird mit einem radarbasierten Trackingsystem. Da in den Baseballbällen jedoch keine Mikrochips eingesetzt sind, macht sich die Technologie den aus der Physik bekannten Dopplereffekt zunutze, um Gegenstände auf dem Platz zu orten.

Die gleiche Technik kommt auch im Golf zum Einsatz, wo heutzutage kaum noch ein Profi darauf verzichtet, seine Schläge der genauesten Prüfung zu unterziehen. Beide Techniken werden in Echtzeit übereinandergelegt und abgeglichen. Mit 32 Bildern pro Sekunde kommen bei einer gewöhnlichen Baseballpartie am Ende um die sieben Terabyte an Daten zusammen. Auf die Festplatte eines gewöhnlichen Heimrechners passt also nicht einmal die Hälfte eines Spiels. Aber die Daten sind auch reich an Informationen, denn zu Statcast gehören neben der kombinierten Trackingtechnologie auch eine Reihe von neuen Metriken, welche allen Baseballfans den Atem rauben dürfte.

Los geht es beim Werfen des Baseballs, dem sogenannten Pitch. Hier stehen Zuschauer wie Analysten gleichermaßen bereits Informationen zur Wurfgeschwindigkeit oder Drehzahl (Anzahl der Umdrehungen pro Minute) zur Verfügung. Trifft der an der Homebase stehende Schlagmann den Ball, der Moment des Battings, setzt sich die KPI-Maschinerie erst richtig in Gange. Beim Verlassen des Baseballschlägers werden Geschwindigkeit und Abschusswinkel des Balles gemessen. In der Luft kann die genaue Flugbahn des Balles aufgezeichnet werden, dazu gesellen sich Informationen wie die Flugdauer und -weite, und – im Falle eines Homeruns, also dem erfolgreichen Schlagen des Balles bis in die Zuschauerränge, – sogar die projizierte Flugdauer und -weite. Der Zuschauer sieht dann, wie weit der Ball eigentlich geflogen wäre, wäre das Stadion nicht durch die Tribünen begrenzt.

Ist der Ball in der Luft, versuchen Schlagmann und bereits an den Bases stehende Teamkameraden möglichst viele Bases zu umlaufen. Für diese Läufe werden aus den erfassten Laufwegen zum Beispiel Beschleunigung und Maximalgeschwindigkeit gemessen. Gleichzeitig versucht das verteidigende Team, den geschlagenen Ball möglichst zügig zu fangen, am besten natürlich aus der Luft, und dann zu den Bases zurückzuwerfen, um gegnerische Läufer ausscheiden zu lassen. Auch hier sind Daten zu Beschleunigung und Geschwindigkeit verfügbar, zudem die Geschwindigkeit der zurückgeworfenen Bälle.

Bahnbrechend sind jedoch zwei neue Leistungsindikatoren, die dem kritisierten Mangel an defensiven Statistiken entgegengesetzt werden können: zum einen die Reaktionsgeschwindigkeit des Fängers, bemessen am Zeitpunkt, zu welchem er nach erfolgreichem Schlag losrennt, und zum anderen seine sogenannte Laufeffizienz. Letztere wird als Prozentwert festgehalten und misst, wie deckungsgleich der Laufweg eines Fängers mit der Idealroute zwischen Ausgangsort und Balllandeposition ist. Darüber, wie der genaue Wert letzten Endes berechnet wird, macht Statcast ein kleines Geheimnis, doch die animierten Laufwege der Fänger geben bereits faszinierende Einblicke in die Genauigkeit, mit welcher Outfielder den Landepunkt eines Balles vorhersagen können.

Besonders diese defensiven Statistiken sind es auch, welche von Vereinen seit Einführung der Trackingdaten intensiv zur Leistungsanalyse herangezogen werden. Am deutlichsten erkennbar ist dies an der Anzahl sogenannter Defensive Shifts, welche sich seit dem Jahr 2011 jede Saison nahezu verdoppelt hat (vgl. Helfand 2015). Bei einem Defensive Shift stellen sich die den Schlag erwartenden Verteidiger nicht in der traditionellen Formation auf, bei welcher sie gleichmäßig um die Bases verteilt sind, sondern schieben je nach Schlagprofil des gegnerischen Schlagmannes verstärkt in eine Richtung.

Zeigen die Daten zum Beispiel, dass der Schlagmann die Bälle überwiegend auf die rechte Seite des Spielfelds haut, kann es auch einmal sein, dass die Verteidiger alle auf eine Seite rücken. Genau dieses Profil zeigt beispielsweise der MVP der 2013 World Series und vor Kurzem zurückgetretene Superstar David Ortiz. Stand er in seinen letzten Saisons als aktiver Spieler an der Homebase zum Schlag bereit, zog es fast alle gegnerischen Verteidiger auf die rechte Seite des Feldes.

Interview mit Chuck Korb, Sabermetrics-Guru und Analyst der Boston Bruins

In Sachen Datenanalyse bleibt Baseball nach wie vor das Maß aller Dinge. Die Begeisterung für Zahlen und Statistiken liegt aber keineswegs alleinig aufseiten der Fans, sondern ist auch ein wichtiges Thema in den Büros der Manager. Um einen besseren Einblick zu bekommen, sprachen wir mit Chuck Korb (Abb. 5.3), seit mehr als zwei Spielzeiten als Senior Analyst für den amerikanischen Eishockeyverein der Boston Bruins tätig.

Sein Herz gehört schlägt dennoch für Baseball, und er ist Gründer des jährlich stattfindenden Seminars „Sabermetrics, Scouting and the Science of Baseball" (www.saberseminar.com), dessen Erlöse den wohltätigen Zwecken des Jimmy Funds und der Angioma Alliance zugutekommen. Wenn er nicht gerade über Zahlen brütet, findet man ihn entweder im altehrwürdigen Fenway Park der Boston Red Sox oder beim Surfen am Good Harbor Beach. Im Interview verrät er, wie Statcast den Baseball auf ein neues Level heben kann – und dass die NHL in Sachen Positionsdaten gegenüber anderen Sportarten hinterherhinkt.

Abb. 5.3 Chuck Korb, Analyst der Boston Bruins. (© C. Korb)

Sehr geehrter Herr Korb, Statcast ist das neueste Spielzeug für den daten-affinen Baseballfan. Welche Vorteile bietet Statcast, neben dem großen Unterhaltungswert, den Vereinen und Analyseabteilungen konkret?
Meiner Meinung nach hat Statcast sehr viel Potenzial, aber es wird wohl noch viele Daten brauchen, um dies zum Vorschein zu bringen. Wenn man beispielsweise den Defensivwert eines Spielers bewertet, wäre es sehr gut zu wissen, wie weit ein durchschnittlicher Outfielder bei einem Wurf von x Meilen pro Stunde und einem Winkel von y Grad kommt. Kenntnisse über den *first step,* die Maximal- und Durchschnittsgeschwindigkeit, sowie die *route efficiency* eines jeden Spielers bei jedem Wurf könnten ein extrem genaues defensives Evaluationssystem liefern. Statcast hat darüber hinaus großes Potenzial bei der Wurfbewertung. Informationen über Position, Geschwindigkeit, Bewegung und Umdrehungsrate etc. für jede Wurfart könnte sowohl bessere Evaluation der Fähigkeiten von Werfern liefern als auch Managern die Möglichkeit bieten, Probleme zu erkennen: z. B. verringerte Geschwindigkeit, unterschiedliche Armwinkel und so weiter – was wiederum der Verletzungsprävention dienen kann. Das Schlagen ist ähnlich. Mit ausreichend Informationen über die Ballgeschwindigkeit nach Abschlag, den Winkel, Rückwärtsdrall oder Vorwärtsdrall etc. könnte ausgewertet werden, wie gut ein Schlagmann gemessen an seinen Schlägen abschneiden sollte. Da so das

pure Glück ausklammert wird – z. B. durch Fehltreffer, Würfe in den Handschuh – sollten gute Analysen und Schätzungen über zukünftige Leistungen mit kleineren Stichproben möglich werden.

Hat Sabermetrics inzwischen alle Aspekte des Baseball durchdrungen? Woher kommt diese Faszination für Daten?

Sabermetrics hat jeden Bereich von Baseball absolut eingenommen und das zu Recht. Das Ziel ist es, Spiele zu gewinnen, und die Mannschaften nutzen jede Information, die ihnen zum Sieg verhilft. Die Verwendung von Analysen, Wissenschaften, Videoanalyse und traditionellem Scouting sind kostengünstige Maßnahmen, einer Mannschaft das kleine bisschen Extra zu geben, damit sie es bis an die Spitze schafft.

Die Talentkosten für einen Sieg im Baseball liegen ungefähr bei 8.000.000 $. Wenn man auch nur einen Bruchteil zu einem Sieg beisteuern kann, indem man beispielsweise einen unterschätzten Vorteil findet oder eine Fähigkeit, die andere Mannschaften nicht in Betracht ziehen, wie beispielsweise das *pitch framing* (eine leichte Handbewegung des Fängers beim Fangen, um einen eigentlich ungültigen Wurf für den Schiedsrichter gültig erscheinen zu lassen, Anm. d. Autoren), dann kann dies für die Mannschaft von großem Wert sein. Jonah Keri hat ein tolles Buch über die Tampa Bay Rays geschrieben, *The Extra 2 %*, und das ist genau das, was Sabermetrics versucht: diese zusätzlichen 2 % zu erreichen (Keri 2011).

An dieser Stelle möchte ich aber auch klarstellen, dass Mannschaften nicht davon abkommen sollten, traditionelles Scouting und traditionelle Beobachtungen zu verwenden, wenn sie Spieler und Mannschaften bewerten. Die effektivste Methode ist eine Kombination aus Sabermetrics, Statistik, Wissenschaften und Scouting.

Allgemein gesprochen scheint Baseball der Vorkämpfer bezüglich Datenanalyse im Sport zu sein. Wie weit ist Eishockey, insbesondere im Bezug auf Positionsdaten?

Analysen im Eishockey stecken zurzeit in den Kinderschuhen und wir versuchen jetzt erst herauszufinden, was „funktioniert" und was nicht. Eishockey unterscheidet sich sehr von Baseball und ist viel schwieriger statistisch zu bewerten. Das impliziert nicht, dass es nicht möglich ist. Aber während Baseball eine statische Sportart ist, welche sich für Markov- und lineare Regressionsanalysen (beides statistische Vorhersagemodelle, Anm. d. Autoren) eignet, ist Eishockey ein fließender Sport mit schnellen und häufigen Spielerwechseln. Wir machen Fortschritte, und es ist sehr aufregend, Teil dieses Anfangs zu sein, aber Eishockey ist dem Baseball noch Lichtjahre hinterher.

Eishockey hat noch keinen guten Zugang zu Positionsdaten – die NHL hat noch nicht an allen Spielorten Kameras installiert, also gibt es noch kein umfassendes Tracking. Wenn es so weit ist – und einige Teams tracken schon jetzt auf eigene Faust –, dann wird es ein Riesenschritt nach vorne sein.

Wie stehen die anderen großen US-Sportarten im Vergleich?
Ich denke, von den großen US-Sportarten kommt Basketball dem Baseball hinsichtlich Datenanalysen am nächsten. In der NBA gab es gerade eine Revolution: Teams haben Analysten eingestellt, betreiben fortgeschrittenes Player-Tracking – die NBA hat hierfür Kamerasysteme in jedem einzelnen Stadion installiert –, und viele Trainer schenken der Verwendung von Statistiken, Videoanalyse und Wissenschaften ihre Aufmerksamkeit. Eine der größten Hürden bei der Einführung von fortgeschrittener Statistik zur Spielerrekrutierung und zur Ausrichtung der Teamstrategie ist aber – dies sei an dieser Stelle angemerkt – die Bereitschaft des Trainerteams und Managements, die Daten zu akzeptieren und ihnen Gehör zu schenken. Die NHL kommt von den vier großen US-Sportarten vermutlich als Nächstes, was die Verwendung von Analysedaten angeht, und von Eishockey habe ich bereits erzählt. Die NFL fängt gerade erst an, sich den Analysen anzunehmen, aber es wird sich schnell exponentiell ausbreiten, so wie in anderen Sportarten auch.

Zum Abschluss eine schwierige Frage: Was kann Fußball von Baseball lernen – und Baseball von Fußball?
Nachdem ich letztes Jahr in Manchester einige Vorträge über Fußball gesehen habe, hat mich am meisten überrascht, welchen Vorsprung Fußball gegenüber allen US-Sportarten in der Verwendung von Wissenschaft und Analyse im Bereich des Trainings hat. Ein spielerindividueller Ansatz zu Fragen, wie welche Muskel wann überlasten, wann belastet und wann regeneriert werden sollte, was gegessen werden sollte etc. unter der Verwendung von biometrischen Apparaten, Fitnesstrackern, tragbaren Technologien und so weiter, gibt der Mannschaft und den Spielern einen großen Vorteil – und fehlt in den Vereinigten Staaten. Fußball hingegen, wie Eishockey, ist ein fließender Sport und nicht so einfach auszuwerten wie Baseball. Was er aber von Baseball lernen kann, ist die Verwendung von Lasertechnologie und Highspeedkameras, wie bei Statcast, um Antritt, Maximalgeschwindigkeiten und Anlaufwege der Spieler besser zu bestimmen. Außerdem, ganz allgemein, zeigt Baseball allen Sportarten den Nutzen, der von der Verwendung von Analysen ausgehen kann – und dass man weiter Wege suchen sollte, um diese extra 2 % zu finden!

Hockey: Know-how für die Nationalteams

Im Gegensatz zum Baseball ist Hockey dem Fußball deutlich ähnlicher – und im Vergleich zur Schwestersportart Eishockey deutlich weiter, was die datengestützte Spielanalyse angeht. Für den Fußball sind diese Entwicklungen besonders interessant, denn in den Grundzügen ähneln sich die beiden Sportarten doch sehr. Besonders das Feldhockey weißt große Übereinstimmungen in Sachen Spieleranzahl, Spielziel, Feldgröße und taktische Elemente auf.

Hockey kann und wird daher immer einen lohnenswerten Vergleich bieten. Denn nicht ohne Grund wechseln einige Experten zwischen diesen beiden Sportarten hin und wieder das Feld, so z. B. der ehemalige Hockeybundestrainer Bernhard Peters oder jüngst auch Markus Weise. Letzterer wechselte 2015 nach drei olympischen Goldmedaillen als Trainer der deutschen Damen- und auch der Herrenmannschaft vom DHB zum DFB. Dort soll er nun als Konzeptentwickler beim inhaltlichen Aufbau des neuen DFB und seiner Akademie, ein nationales Leistungszentrum des deutschen Fußballs, mitwirken.

Interview mit Ulrich Forstner, Bundestrainer „Wissenschaft und Bildung"

Die Expertise im Hockey ist im Fußball also gefragt. Inwiefern dies auch die Spielanalyse mithilfe von Daten betrifft, wird sich zeigen. Der aktuelle Stand ist jedoch äußerst vielversprechend. Besonders der Deutsche Hockey-Bund vertritt eine sehr offene Haltung gegenüber Innovationen in der Spielanalyse und treibt die Entwicklungen weiter voran. Wie dies konkret aussieht, darüber sprachen wir mit Ulrich Forstner, Bundestrainer im Nachwuchsbereich des DHB.

Ulrich Forstner ist seit 2010 hauptberuflicher Bundestrainer „Wissenschaft und Bildung" des Deutschen Hockey-Bundes (Abb. 5.4). Nach seinem Sport- und Physikstudium (Lehramt) an der Albert-Ludwigs-Universität Freiburg und Sportdiplom an der Universität Basel war er zunächst ab 1989 hauptberuflicher Landestrainer Hockey beim Landessportverband Baden-Württemberg. Er übernahm dann als Cheftrainer die U16 und U18. Als hauptberuflicher Bundestrainer des Deutschen Hockey-Bundes für den männlichen Nachwuchsbereich/Trainer U21 konnte er bis 2009 zahlreiche Podiumsplätze erzielen (WM 2001: 3 Platz, EM 2002: 2. Platz, EM 2004: 2. Platz, EM 2006: 2. Platz, EM 2008: 3. Platz, WM 2009: 1. Platz).

Abb. 5.4 Ulrich Forstner, Hockeybundestrainer „Wissenschaft und Bildung". (© U. Forstner)

Sehr geehrter Herr Forstner, können Sie uns einen Einblick geben, wie die Spielanalyse im Hockey Positionsdaten aufgenommen hat?
Zu Beginn stand erst einmal die Erfassung von Laufstrecken und Laufgeschwindigkeiten und deren Entwicklungen über die Spieldauer hinweg: zum einen, um Rückschlüsse auf die bestehende Leistungssteuerung ziehen zu können, zum anderen, um auch auf individuelle Belastungsprofile auf den verschiedenen Spielpositionen schließen zu können. Diese Aussagen wurden schnell als zu oberflächlich eingeschätzt, und wir haben versucht, Möglichkeiten zu finden, individuelle Ermüdungszustände bei Spielerinnen und Spielern über Positionsdaten abzubilden.

Wie ging es danach weiter?
Das führte dazu, dass wir uns auch mit der Erfassung von zuverlässigen Beschleunigungswerten beschäftigt haben und damit zwangsläufig auch mit der Genauigkeit und Zuverlässigkeit der Systeme. Parallel hierzu fanden bei Länderspielen auch Positionsdatenerfassungen über GPS-Systeme statt, die zusammen mit der seit vielen Jahren üblichen Videoanalyse sich neben quantitativen Aspekten – wie viele Pässe, wie viele Ballverluste? – auch taktischen Fragestellungen annähern sollte: Von wem bekommt mein Angreifer oder meine Angreiferin die meisten Zuspiele? Direkt aus der Abwehr oder eher aus dem Mittelfeld? Welche davon führen zu Torchancen beziehungsweise Strafecken – und welche nicht? Und so weiter …

Ob nun qualitative oder quantitative Analyse, welche Leistungsindikatoren haben sich im Hockey bewährt?

Die am häufigsten verwendeten Leistungsindikatoren sind die Tore, Torchancen, Strafecken, das Eindringen in den Schusskreis und ins Angriffsviertel, Pässe, Dribblings, lange Ecken, Freischläge und die Ballgewinne und Ballverluste. Dabei handelt es sich normalerweise um das reine Zählen von Spielaktionen. Diese Leistungsindikatoren werden aber auch in Form von Verhältnissen dargestellt, denn sie eignen sich besser als das reine Zählen, um die Spielwirksamkeit der Mannschaften einzuschätzen. Zudem werden diese Aktionen in Sequenzen analysiert, um Spielmuster abzubilden.

Das klingt vielversprechend. Kommen diese neuen Ansätze in der Spielanalyse denn auch in der Praxis zum Einsatz?

Bei uns kommen die unterschiedlichen Methoden bei Länderspielen, internationalen Turnieren und bei Trainingsmaßnahmen zum Einsatz.

Man spürt also bereits den Einfluss der Daten?

Klar spürt man diesen Einfluss von Big Data. Die Datenmengen werden immer umfangreicher und müssen ständig vor dem Hintergrund, welchen Nutzen und Aussagekraft sie letztendlich für Athlet und/oder Trainer haben, hinterfragt werden – und unter der Frage Aufwand versus Nutzen eingeschätzt und unter Umständen auch eingeschränkt werden.

Mit welchen Entwicklungen rechnen Sie in der Zukunft? Wie werden neue Technologien der Datenanalyse den Sport verändern?

In die nähere Zukunft gedacht sehe ich folgende Entwicklungen: Die Positionsdatenerfassung wird immer einfacher, unkomplizierter und genauer. Damit werden in Zukunft weitere interessante Themenfelder erschlossen werden.

Zum Beispiel?

Zum Beispiel das Ermitteln eines Ermüdungskoeffizienten live während Spiel oder Training. Oder individuelle Energiebilanzen mit Konsequenzen für Trinken und Ernährung im Training und im Wettkampf.

Welche Entwicklungen sehen Sie noch?

Quantitative Erfassungen, also Positionsdaten, müssen noch mehr mit qualitativen Aspekten wie Videoanalyse oder Expertenmeinungen kombiniert werden, um aussagekräftiger zu werden. Dann kann man relevante Konsequenzen für die Trainings- und Wettkampfsteuerung sowie das Coaching ableiten. Ein großer Qualitätsschritt im Hockey wäre außerdem die Möglichkeit, auch die Positionsdaten für den Ball erfassen zu können.

Beachvolleyball: Analysen an der Copacabana

Im Beachvolleyball, einem Sport, der sich in Deutschland zunehmender Beliebtheit erfreut, werden ebenfalls fleißig Daten gesammelt – und das sogar bei den Olympischen Spielen in Rio 2016, wie der Sportwissenschaftler Dr. Daniel Link erklärt (Abb. 5.5). Er ist Sportinformatiker am Lehrstuhl für Trainingswissenschaft und Sportinformatik an der TU München und entwickelte zusammen mit dem Bundestrainer Jörg Ahmann ein Spielanalyseverfahren für Beachvolleyball auf Basis von Positionsdaten. Die zugehörigen Softwaretools bilden heute den Standard in der Spielbeobachtung im Deutschen Volleyball-Verband und waren wesentliche Komponenten der Gegnervorbereitung bei beiden Olympiasiegen der deutschen Teams in London 2012 und Rio de Janeiro 2016.

Im Interview beschreibt er außerdem, dass der taktische Bereich zurzeit noch einen deutlich höheren Stellenwert genießt als der konditionelle. Das ist ein wenig überraschend, wenn man überlegt, dass die Spieler bei wichtigen Spielen gezielt versuchen, angeschlagene Gegenspieler zu ermüden, indem sie sie bevorzugt anspielen. Auf der anderen Seite sind Auswechslungen, wie wir sie aus dem Fußball kennen, im Beachvolleyball nicht möglich – wer nicht mehr weiterspielen kann, muss passen. Für die Belastungssteuerung im Training sieht Link dennoch einen Nutzen.

Der Vergleich zum Fußball ist trotzdem spannend, denn hier überwiegt in der Praxis momentan noch die physische Analyse, zumindest in Sachen Positionsdaten. Dabei könnten sich die Analysten des Rasensports durchaus von ihren Kollegen im Sand inspirieren lassen. Diese suchen mithilfe von

Abb. 5.5 Dr. Daniel Link, Sportwissenschaftler. (© Dr. D. Link)

Positionsdaten nach Mustern in den Spielzügen der Teams. Indem die Ballwechsel in ihren Verläufen systematisch kategorisiert werden, lassen sich so gewisse Angriffsschemata herausfiltern.

Nun hat Beachvolleyball gegenüber Fußball hinsichtlich taktischer Überlegungen den Vorteil, dass Angriff und Verteidigung viel klarer voneinander getrennt sind. Dazu kommt der feine Unterschied, dass der Analyst es mit lediglich zwei statt elf Akteuren zu tun bekommt. Nichtsdestotrotz, was im Kleinen funktioniert, lässt sich durchaus auch auf das Große übertragen. Die Analysen im Beachvolleyball zeigen zwar nur bedingt, wie es im Fußball gehen könnte – ein Vorbild sind sie allemal.

Denn Link und sein Team sind mit ihren Überlegungen durchaus erfolgreich. Sie haben es geschafft, die datengestützte Analyse effizient in die konventionelle Videoanalyse zu integrieren. Die Daten liefern ihnen eine Vorselektion von Spielszenen, welche anschließend manuell ausgewertet können. Bei den Olympischen Spielen hat dieser Ablauf sogar ganz gut funktioniert: Nach dem Goldmedaillengewinn der Herren in London 2012 kletterten vier Jahre später in Rio de Janeiro Laura Ludwig und Kira Walkenhorst ganz oben aufs Treppchen – eine Leistung, die zuvor keinem europäischen Frauenteam gelungen ist.

Interview mit Dr. Daniel Link, Sportwissenschaftler an der TU München

Herr Dr. Link, wie lässt sich Beachvolleyball mit Positionsdaten analysieren und wo steht Beachvolleyball im Vergleich zu anderen Sportarten?
Zur Beantwortung der Frage macht es Sinn, zwischen taktischer und konditioneller Leistungsdiagnostik zu unterscheiden. Im Bereich der konditionellen Faktoren können Positionsdaten sicherlich helfen, die energetische Belastung der Athleten abzuschätzen. Optische Trackingverfahren, wie sie im Profibereich des Fußballs oder den US-Sportarten eingesetzt werden, konnten sich im Beachvolleyball aus Kostengründen bislang nicht durchsetzen.

Eine Alternative sind die sogenannten Electronic Performance and Tracking Systems (EPTS) auf Basis von GPS. Diese werden direkt am Körper getragen und sind recht wartungsarm. In diesem Bereich gibt es zwar einige Einzelfallstudien, mir ist allerdings noch kein Team bekannt, das diese Systeme im Trainingsalltag einsetzt. Der Beachvolleyball steht hier sicherlich noch am Anfang.

Und im taktischen Bereich?
Bei den Taktikanalysen sind wir deutlich weiter. Seit 2011 setzen wir für die Spielanalyse der Deutschen Nationalteams Positionsdaten ein. Wir verwenden keine zeitlich hoch aufgelösten Bewegungstrajektorien, sondern lediglich acht Positionen der Spieler zu bestimmten Zeitpunkten, die wir manuell erheben. Hierzu gehört beispielsweise die Position des Annahmespielers bei Ballkontakt, die Position des Angreifers, des Abwehrspielers und des Blockers beim Absprung des Angreifers.

Über diese Positionen werden die Ballwechsel dann klassifiziert, beispielsweise nach Anlaufrichtung des Angreifers oder nach der räumlichen Konstellation von Block und Abwehrspieler kurz vor dem Angriffsschlag. Hieraus entstehen dann Äquivalenzklassen von Spielsituationen, die die Basis für die spätere Spielanalyse bilden.

Welche Leistungsindikatoren oder Methoden scheinen besonders geeignet?
Wir verwenden ein dreistufiges Verfahren. In einem ersten Schritt werden, wie beschrieben, Äquivalenzklassen von Spielsituationen gebildet. Innerhalb dieser Äquivalenzklassen wird dann im zweiten Schritt das Verhalten des Gegners beschrieben. Für die Angriffshandlung im Volleyball ist das die Information, ob ein harter Schlag oder ein Shot, also ein hoher Schlag über den Block mit bogenförmiger Flugbahn, gespielt wird, in welchen Spielfeldsektor der Ball geht und wie erfolgreich die Aktion war. Leistungsindikatoren für die Abwehr sind die Blockrichtung und Armhaltung des Blockers sowie das Laufverhalten des Abwehrspielers. Diese Informationen werden teilweise aus den Positionsdaten abgeleitet.

Wozu dienen diese Informationen?
Wir gehen davon aus, dass selbst Weltklasseathleten in ähnlichen Situationen bewusste oder unterbewusste Handlungstendenzen haben, insbesondere in Drucksituationen. Diese versuchen wir über die Werte der Leistungsindikatoren in den Äquivalenzklassen zu finden. Es ist mir wichtig, darauf hinzuweisen, dass die Quantifizierung über Leistungsindikatoren nur ein Zwischenschritt ist. Wir verlassen uns nie auf Zahlen, sondern verwenden diese nur für die Generierung von Hypothesen, die dann im dritten Schritt, der qualitativen Analyse des Videomaterials, geprüft werden. Um den ganzen Prozess effizient durchführen zu können, haben wir mit langjähriger Unterstützung des Bundesinstituts für Sportwissenschaft (BISp) zwei Analysetools, den BeachScouter für die Datenerhebung und den BeachViewer für die Analyse entwickelt.

Wo und wie kommen neue Methoden der Spielanalyse in der Praxis zum Einsatz? Gibt es bereits einen spürbaren Einfluss von Big Data?

Die beiden Tools werden in Deutschland seit 2011 routinemäßig im Spitzenbereich eingesetzt. Ein Spielanalyst begleitet die Topathleten und ihre Trainer bei nahezu jedem Turnier der FIVB World Tour. Zurzeit sind dies Ron Gödde und Raimund Wenning vom Olympiastützpunkt Stuttgart, die hier hervorragende Arbeit leisten. Sie erstellen Videoaufnahmen der Gegner, codieren einige Basismerkmale der einzelnen Ballwechsel und erfassen die Positionsdaten. Dieses Paket wird dann über eine zentrale Datenbank den Teams zur Verfügung gestellt. Im Nachwuchsbereich findet dieser Prozess auch statt, allerdings nicht so flächendeckend. Letztendlich ist es eine Ressourcenfrage.

Gibt es bereits Beispiele für den Erfolg des Ansatzes?

Der OSP Stuttgart hat in Vorbereitung auf die Olympischen Spiele in Rio de Janeiro 2016 alleine im ersten Halbjahr 2016 insgesamt 310 internationale Spiele ausgewertet – während des Turniers dann noch mal 64 (Abb. 5.6). Diese Datenbasis diente dann als Ausgangspunkt für die Strategieentwicklung der deutschen Teams.

Abb. 5.6 Spielanalyse während den Olympischen Spielen 2016 an der Copacabana in Rio

Wir konnten an der Copacabana durchaus Interesse anderer Nationen an unserem Ansatz feststellen – den wir natürlich nicht bedient haben. Ich denke, man kann schon sagen, dass Big Data einen Teil zu den Olympiasiegen von Ludwig/Walkenhorst in Rio, aber auch zu dem von Brink/Reckermann in London 2012 beigetragen hat.

Mit welchen Entwicklungen rechnen Sie in der Zukunft? Wie werden neue Technologien der Datenanalyse den Sport verändern?
Ich gehe davon aus, dass EPTS an Bedeutung gewinnen werden. Diese Geräte werden immer kleiner und können ohne erhebliche Beeinträchtigungen am Körper getragen werden. Den wesentlichen Nutzen sehe ich zunächst für die Trainingssteuerung, da sich die Trainingsbelastung so sehr gut quantifizieren lässt und der Ermüdungsverlauf der Athleten individuell beurteilt werden kann. Beispielsweise ist im Beachvolleyball interessant, ob und wenn ja, in welchen Situationen die maximale Sprunghöhe nicht realisiert wird oder wann leistungsrelevante Einbußen der Sprungkraft auftreten.

Wahrscheinlich wird die Entwicklung im Spitzenbereich des Beachvolleyballs einen ähnlichen Verlauf nehmen wie im Profifußball – wenn auch in abgeschwächter Form, da die finanziellen Möglichkeiten andere sind. Wir führen gerade in Kooperation mit dem Bundestrainer Jörg Ahmann und seinen Kaderathleten erste Pilotstudien für den Einsatz von EPTS im Beachvolleyball durch. Er ist technologischen Innovationen gegenüber sehr aufgeschlossen und international einer der führenden Köpfe, wenn es darum geht, den Beachvolleyball weiterzuentwickeln.

Tennis: von Hawk-Eye zum Spielerprofil

Auch in Rückschlagsportarten haben Positionsdaten in den letzten Jahren die konventionelle Videoanalyse ergänzt. So zum Beispiel im Tennis, wo bereits seit über einem Jahrzehnt das *Hawk-Eye*-System die Schiedsrichter bei ihren Entscheidungen, ob Bälle im oder außerhalb des Spielfeldes auftreffen, unterstützt. Der Einsatz der Trackingtechnologien geht mittlerweile jedoch weit über den Einsatz als technisches Hilfsmittel der Offiziellen hinaus.

Wer etwa die großen Grand-Slam-Turniere im Fernsehen verfolgt, bekommt höchst anschaulich visualisiert, wohin die Spieler ihre Aufschläge oder Returns spielen. Im Trainingsbetrieb der Profis sowie einiger Amateure erfreut sich außerdem das *PlaySight*-System immer größerer Beliebtheit, welches mit sechs fest installierten Kameras das Spielgeschehen aufzeichnet und Aktionen auf dem Feld ähnlich wie die Hawk-Eye-Technologie lokalisiert.

In der Praxis berufen sich die meisten Profispieler noch auf die subjektiven Urteile ihrer Trainer. Diese werden sich in der nahen Zukunft jedoch durch objektive Informationen überprüfen lassen. Dann lässt sich anhand größerer Datensätze überprüfen, welcher Schlag in bestimmten Situationen und gegen bestimmte Spieler am erfolgreichsten sein kann. Prinzipiell ist es bereits jetzt möglich, die Stärken und Schwächen der Tennisprofis bis ins kleinste Detail aufzudecken.

Das muss weder Nachteil noch Spannungskiller sein, wie manche argumentieren. Denn letztlich stehen allen Topspielern die gleichen Daten zur Verfügung. Es wird zukünftig eher darauf ankommen, wie die Informationen für die Spielvorbereitung und auch während des Spiels eingesetzt werden. Wer schafft es, das genaue Spielerprofil des Gegners optimal zu bespielen und gleichzeitig – der Gegner kennt das eigene Profil natürlich ebenfalls – die richtigen Überraschungsmomente zu setzen, indem er aus eigenen Mustern ausbricht? Die neuen Daten könnten den Sport vielmehr auf ein taktisch neues Niveau anheben.

Interview mit dem Tennisprofi Dominik Meffert

Bisher sind diese Überlegungen Zukunftsmusik. Aber wie ist der aktuelle Stand? Im Interview verrät Dominik Meffert (Abb. 5.7), ehemaliger Top-200-Spieler, wie die Positionsdaten sich im Tennis etablieren. Er ist seit 2015 Lehrkraft für besondere Aufgaben mit dem Schwerpunkt Tennis an der Deutschen

Abb. 5.7 Dominik Meffert, ehemaliger Top-200-Spieler und seit 2015 Lehrkraft für besondere Aufgaben mit dem Schwerpunkt Tennis an der Deutschen Sporthochschule in Köln. (© D. Meffert)

Sporthochschule in Köln. Während seiner aktiven Laufbahn hat er an allen vier Grand-Slam-Turnieren teilgenommen und vier Siege bei ATP Challengern im Einzel sowie 15 Siege bei ATP Challengern im Doppel erzielt. Er war fünffacher Deutscher Meister mit dem TK Kurhaus Lambertz Aachen, zweifacher französischer Meister mit dem AS Patton Rennes und Schweizer Meister mit dem TC Wollerau.

Sehr geehrter Herr Meffert, wie ist der aktuelle technische Stand im Tennis?
Tennis ist im Vergleich zu anderen Sportarten in der Entwicklung, in der Praxis wird noch nicht so stark mit Analyse gearbeitet. Die guten Spieler haben ihre Trainer, die gehen dann zu Spielen vom nächsten Gegner, schauen sich diesen an und schreiben mit. Aber mit Sicherheit wird es in Zukunft Programme geben, in denen aufgelistet wird, wohin welcher Spieler serviert, oder es werden seine Lieblingsspielzüge festgehalten. Das macht einfach Sinn und es wäre fatal, wenn es sich nicht dahin gehend entwickelt.

Gibt es denn bereits erste Anzeichen für diese Entwicklung?
Es gibt immer mehr, und es wird immer mehr. PlaySight beispielsweise macht viel und auch IBM macht eine Menge bei den Grand-Slam-Turnieren. Und da wird noch eine ganze Menge passieren. Das aktuellste System *ist PlaySight,* vom DTB empfohlen und in Chorweiler bei Tennis Mittelrhein installiert. Das ist super, denn PlaySight liefert alle Daten, und man sieht sowohl die Laufwege der Spieler als auch die einzelnen Schläge.

Man kann sich die Spieler außerdem von allen möglichen Seiten anschauen. PlaySight liefert da vor allem Fakten, so können Anforderungen an den Spieler direkt überprüft werden. Fehler können angeschaut werden, man kann zurückspulen und Schläge genau analysieren. Das System ist sehr gut und wird demnächst fast überall an den Landesstandpunkten installiert. Das ist der erste Schritt in die richtige Richtung.

Sie sprachen von Laufwegen und Schlägen – wie lässt sich Tennis in der Praxis analysieren?
Schlagrichtungen und die Positionen der Spieler sind die zwei Hauptkriterien für die Analyse des Tennis. Es wird erfasst, wohin der Ball geschlagen wird und wie sich die Spieler hinten bewegen. Das sieht man dann auch in diesen Wolken. Angelique Kerber steht beispielsweise ein kleines Stück weiter hinter der Linie als Serena Williams. Bei den Herren steht Novak Djokovic beim Return immer auf der Grundlinie. Andere Spieler haben eine andere Position, und es ist mit Sicherheit interessant zu sehen, welche Position welchen Erfolg

mit sich bringt – also nicht nur, wie die Spieler es machen, sondern was daraus folgt. Sind sie mit ihrer Position erfolgreich oder sind sie es nicht? So können falsche Entscheidungen für das nächste Spiel überdacht werden.

Rafael Nadal beispielsweise ist in den letzten Spielen, in denen er Djokovic besiegen konnte, von seinem Muster abgewichen. Normalerweise schlägt er immer 60 bis 70 oder sogar 80 % gegen die Rückhand des Gegners auf. Doch die Rückhand von Djokovic ist der beste Return weltweit. In diesem Match in Monte Carlo damals, als er ihn besiegen konnte, ist er komplett von seinem Muster abgewichen und hat im ersten und zweiten Aufschlag 80 % seiner Aufschläge auf die Vorderhand geschlagen. Das heißt, er hat sich vorher überlegt: Was habe ich falsch gemacht und was mache ich dieses Mal anders?

Zum Abschluss ein kurzer Blick in die Zukunft. Wohin geht die Reise?
Die Techniken werden immer mehr benutzt, die Leute merken, dass es wichtig ist und welchen Einfluss Big Data auf Tennis hat. Irgendwann wird es selbstverständlich sein, dass dem Spieler ein Heft oder Ähnliches vorliegt, in welchem notiert ist, welche Spieler wie gespielt haben. Das wird kommen, genauso wie beim Fußball. Natürlich gibt es immer noch den Überraschungseffekt. Aber wenn man weiß, was normalerweise der Lieblingsball des Gegners ist, dann kann man seine Leistungen verbessern und sich dem Gegner anpassen. Damit kann man dann kalkulieren.

Literatur

Farmiloe, B. (2006). (CC BY 2.0). https://upload.wikimedia.org/wikipedia/commons/d/d0/Billy_Beane_2006.jpg. Zugegriffen am 31.10.2016.

Helfand, Z. (19. Juli 2015). Use of defensive shifts in baseball is spreading – Because it works. *Los Angeles Times*. http://www.latimes.com/sports/la-sp-baseball-defensive-shifts-20150719-story.html

Hunter, A. (16. August 2012). Manchester city to open the archive on player data and statistics. *The Guardian*. https://www.theguardian.com/football/blog/2012/aug/16/manchester-city-player-statistics

Keri, J. (2011). *The extra 2 %: How wall street strategies took a major league baseball team from worst to first*. New York: ESPN.

Lewis, M. (2004). *Moneyball: The art of winning an unfair game*. New York: WW Norton & Company.

Oakland Athletics. (1993). (Public Domain). https://upload.wikimedia.org/wikipedia/commons/6/63/Oakland_athl_primlogo.svg. Zugegriffen am 10.10.2016.

6

Von Wettkönigen zu Fußballinvestoren

Ein Fußballklub aus der Zukunft

Nehmen wir einmal an, es gäbe einen Fußballverein, welcher trotz allgemeiner Bedenken das Risiko nicht scheut und Daten in den Mittelpunkt seiner Arbeit stellt. Ein Klub, welcher bei der Verpflichtung neuer Spieler für Millionenbeträge nicht ausschließlich auf die Erfahrung seiner Scouts vertraut, sondern die Entscheidungsfindung mit ausgefeilten Analysen zu objektivieren versucht, der basierend auf Event- und Positionsdaten immer wieder neue taktische Kniffe erfindet, um so seine Gegner zu verblüffen. Könnte so etwas überhaupt funktionieren? Oder ist Fußball in seiner Gesamtheit zu komplex, um diese Spinnereien Wirklichkeit werden zu lassen?

Wir müssen diese Gedanken gar nicht weiter fortführen, um eine Antwort zu finden. Denn dieses Beispiel des datengesteuerten Fußballvereins gibt es bereits. Er spielt in der dänischen Superliga, hat seinen Sitz in Herning im mittleren Jütland und hört auf den Namen FC Midtjylland. Und er hat sich zum Ziel gesetzt, möglichst nichts mehr dem Zufall zu überlassen. Der Erfolg? Im Jahr 2015 feierte der Provinzklub aus dem dänischen Niemandsland die erste Meisterschaft der Vereinsgeschichte, bei der darauffolgenden Teilnahme an der Europa League gelang sogar der Achtungserfolg gegen Manchester United.

Dabei fing alles mit einer verrückten Idee an. Dazu gesellten sich mathematisches Know-how und eine gehörige Portion Mut. Geboren war ein Projekt, welches im europäischen Fußball seinesgleichen sucht. Im Mittelpunkt steht Matthew Benham, studierter Physiker und mittlerweile Besitzer sowohl vom FC Midtjylland als auch von seinem Herzensverein, dem Englischen

© Springer-Verlag GmbH Deutschland, ein Teil von Springer Nature 2019
D. Memmert, D. Raabe, *Revolution im Profifußball*,
https://doi.org/10.1007/978-3-662-59218-2_6

FC Brentford. Benhams Karriere begann als Derivatehändler im Londoner Finanzbezirk, bevor er sich schließlich dem Wettgeschäft im Fußball widmete (vgl. Biermann 18. Februar 2015). Er eröffnete eine eigene Firma und schaffte es, mit ausgeklügelten mathematischen Modellen den Buchmachern einen Strich durch die Rechnung zu machen.

Der finanzielle Erfolg war überwältigend und ermöglichte Benham, seine Leidenschaft auch in der Welt des Profifußballs umzusetzen. Im Sommer 2012 erwarb er die Mehrheitsanteile des FC Brentford, dem Verein, welchem er schon als Kind zugejubelt hatte. Zwei Jahre später folgte der FC Midtjylland. Seitdem regieren in beiden Klubs die Daten: im Scouting, in der Spielvor- und -nachbereitung, in der Trainingssteuerung – eigentlich überall.

Dabei haben die Verantwortlichen keine Angst, ihre Ansätze seien zu radikal. Sie hinterfragen vielmehr alle Aspekt der täglichen Arbeit in einem Profiverein und versuchen, diese mithilfe mathematischer Modelle zu optimieren. So gibt es beispielsweise ein intern errechnetes Ranking aller europäischer Mannschaften, eine Art Tabelle der jeweiligen Spielstärke. Internationale Spiele helfen dem Modell, die Grenzen nationaler Wettbewerbe zu überwinden. Übrig bleibt ein internationaler Vergleich aller Mannschaften, egal ob Premier League oder Zweite Bundesliga.

Die Ergebnisse sind dabei nicht nur hübsche Rechenspiele, sondern helfen beispielsweise, finanzielle Nachteile auf dem Transfermarkt auszugleichen. So verpflichteten die Wölfe, wie die Mannschaft aus Midtjylland auch genannt wird, vor der Meistersaison 2014/2015 den Fürther Tim Sparv für schlappe 300.000 €. Sparv war ein solider Zweitligaspieler, aber keiner, der mit spektakulären Rettungstaten oder technischer Beschlagenheit brillierte. Wie kam es, dass man die Fühler dennoch ins deutsche Unterhaus ausstreckte? Die Antwort ist einfach: Greuther Fürth, so hatte das Modell errechnet, hätte in der Vorsaison mit seinen Leistungen durchaus in der Premier League mithalten können. Und der Finne Sparv, meisteingesetzter Spieler der Kleeblätter, hatte als Stütze im defensiven Mittelfeld entscheidenden Anteil daran.

Ein Klub ohne Ohren und Augen

Auch im taktischen Bereich vertraut der Trainerstab weniger den eigenen Augen, sondern vielmehr den Zahlen. Besonders Standardsituationen haben es dem Team, zu welchem neben den Trainern auch ein Mentalcoach und ein Neurobiologe aus Oxford gehören, angetan. Keine andere Situation kann im

Spiel, so die Überlegung, aus wenig Aufwand so einen hohen Ertrag bringen. „Midtjyllands Revolution", wie die Zeitschrift *11 Freunde* das Unternehmen einst nannte (vgl. Biermann 27. April 2013), verhallte jedoch nicht in Schall und Rauch. Vielmehr konnte mithilfe der neuen Ansätze die erste Meisterschaft der Vereinsgeschichte errungen werden, heute gehören die Wölfe zur Spitzengruppe im dänischen Profifußball. In der Meistersaison erzielte die Mannschaft im Schnitt über ein Tor pro Spiel per Standardsituationen – und Tim Sparv schlug voll ein.

Mit welchen Methoden in Dänemark genau gearbeitet wird, ist selbstverständlich gut gehütetes Betriebsgeheimnis. Über die Visionen, welche Benham und sein Partner Rasmus Ankersen für die Zukunft haben, ist man indes weniger schweigsam. So verriet Ankersen in einem Interview mit dem holländischen Journalisten Michiel de Hoog (vgl. De Hoog 2015), welches Vertrauen man dem eigenen Ansatz schenkt: Der Tabellenplatz im internen Ranking ist zur Bewertung der eigenen Leistung wichtiger als die eigentliche Platzierung in der dänischen Superliga. Und für die Spielerrekrutierung überlegt man, künftig überhaupt keine Scouts mehr zu Spielen zu schicken.

Ein einziges Spiel biete ohnehin keinerlei Aussagekraft, vielmehr will man den Videoaufzeichnungen vieler Spiele vertrauen. Und den eigenen Daten. Ein Zitat von Ankersen persönlich fasst das, was zurzeit in Dänemark passiert, vielleicht am besten zusammen (vgl. De Hoog 2015): „Wir haben den Verein basierend auf einer Frage neu gestaltet: Wie sieht ein Fußballklub aus, wenn er weder menschliche Ohren noch Augen besitzt?"

Ob der FC Midtjylland mit seinem Ansatz langfristigen Erfolg erzielen kann, bleibt abzuwarten. Zum Einzug der Daten in den Spitzensport trägt er dennoch einen wichtigen Teil bei. Denn ein vergleichbares Experiment sucht man im europäischen Fußball vergebens. Eine kleinere Liga wie die Dänemarks dient hierbei als ideale Spielwiese des radikalen Unterfangens. Selbstverständlich wird auch bei den Wölfen vieles nicht auf Anhieb funktionieren. Einige Ideen – und die Macher haben viele – werden sich als Flop entpuppen, doch auch das gehört dazu.

Für die Entwicklung sind Vordenker wie Benham und Ankersen dennoch eminent wichtig. Mit ihrer Entschlossenheit und Experimentierfreude werden wir in nicht allzu ferner Zukunft nicht nur weitere verrückte Freistoßroutinen bestaunen, sondern uns auch auf weitere Innovationen aus dem Labor in der Mitte Dänemarks freuen können. Der Vergleich mit Moneyball und Bill James schmeckt Klubbesitzer Benham übrigens nicht – das hat er in mehreren Interviews bereits bekundet.

Interview mit Lars Christensen, FC Midtjylland

Nun hat die Superliga beschlossen, künftig die Positionsdaten aller Ligaspiele erfassen zu lassen. In Midtjylland arbeitet man schon längst mit diesen Informationen. Wie diese die alltägliche Arbeit beeinflussen und welche Fortschritte man sonst bei den Wölfen macht – darüber sprachen wir mit Lars O. D. Christensen vom FC Midtjylland (Abb. 6.1).

Christensen schrieb seine Masterthesis in Sportwissenschaft und Physiologie des Menschen; seinen Doktor machte er in der Neurophysiologie. Er forschte an Universitäten in Dänemark und England und lehrte dort im Bereich der Sportphysiologie, Biomechanik, Neurophysiologie, kognitiver Neurowissenschaft sowie Trainingsmethoden und motorischer Kontrolle. Seit 2015 arbeitet er beim FC Midtjylland, Dänemark, im Bereich der Talententwicklung, Trainingsmethoden, Datenanalyse, kognitive Diagnostik, Lerntheorie, Trainingswahrnehmung und Datenverwendung in Entscheidungsprozessen.

Sehr geehrter Herr Christensen, nicht nur für Fans der Datenanalyse ist der FC Midtjylland einer der interessantesten Klubs im europäischen Fußball. Wo steht das Projekt heute, nach dem Sieg der dänischen Superliga 2015?
Zunächst einmal vielen Dank im Namen des Klubs. Während meiner Zeit hier, seit Januar 2015, hat das Projekt schon viele Drehungen und Wendungen genommen – eingeschlossen, dass Leute gingen und neue Leute kamen. Aber die Datenanalyse ist relevanter denn je. Nach einer Phase zweifelsfreien Erfolgs, welcher im Sieg der dänischen Meisterschaft 2015 gipfelte, hat sich der personelle Kern des Trainerstabs allmählich verändert, daher hatten wir eine Phase schwierigen Wandels zu erwarten.

Abb. 6.1 Lars O. D. Christensen, Entwicklung Training, FC Midtjylland. (© L. O. D. Christensen)

Das geschah zusammen mit einer relativ erfolgreichen Saison für uns, besonders in der Europa League, welche sehr ressourcenzehrend war. Deshalb war die Zeit begrenzt, das Projekt zu entwickeln und vorwärts zu bewegen, besonders hinsichtlich alltäglicher Tätigkeiten. Wir haben daraus gelernt, dass große Veränderungen und diese Art der Entwicklung nicht Hand in Hand mit einem straffen Spielplan gehen können. Aber jetzt sind wir in allen Bereichen mit vollem Tatendrang zurück und hoffen, immer mehr neue Ansätze aufzustellen.

Wie sehen diese Ansätze aus?
Wir arbeiten in viele neue Richtungen, Positionsdaten spielen dabei eine zentrale Rolle. Wir halten das für einen sehr interessanten Ansatz und hoffen, dass wir es schaffen werden, das Trainerteam enger an die aktuellen Analysen zu binden. Diesen Vorgang sehe ich zurzeit als einen der Schlüsselpunkte.

Sie sprachen von einer turbulenten Phase nach dem Gewinn der Meisterschaft. Welche Erfahrung konnte man aus dieser Zeit mitnehmen?
Für uns wurden drei Punkte klar: Man braucht eine geraume Zeit für die gesamte Belegschaft, um stringente Datenanalyse umzusetzen, das Trainerteam muss schon auf der Basisebene involviert werden, und man benötigt noch mehr spielbezogene Datenausgaben als bisher – was klar von der neuen Möglichkeit, Positionsdaten zu erheben, herrührt.

Daten spielen eine vitale Rolle in den Entscheidungsprozessen des Klubs. Worauf kommt es dabei in der Praxis an?
Ein Kernbereich ist es, in der Lage zu sein, verschiedene Wissensarten, wie beispielsweise technologisch erlangte Daten, mit menschlichen Erfahrungswerten auf optimale Weise zu kombinieren. Das ist schwierig, aber eines der Schlüsselprobleme, welches gelöst werden muss, um das Feld als Ganzes voranzubringen. Um das zu optimieren, entwickeln wir eine Vielzahl unterschiedlicher Herangehensweisen, um diesen Zusammenhang zu generieren. Diese reichen von Fortbildungen über die Anwendungen moderner Wissenschaft, wie unter anderem die Kognitionspsychologie, über Methodenlehre bis hin zur Fokussierung auf für uns neue taktische Konzepte, die einerseits auf Daten und andererseits auf Trainererfahrung basieren. Wir hoffen, dass es funktioniert.

Kurz gesagt, in der Praxis verwenden wir Daten auf einer Vielzahl von Ebenen – je nach gegebenen Umständen. Sie sind essenziell für das physische Training, für die Spielauswertung, für die Entwicklung und Implementierung neuer taktischer Elemente, für die Optimierung von individuellem Techniktraining, für die mentale und physische Spielerprofilierung und für die Bewertung der Spieler.

Gibt es denn überhaupt noch Bereiche, wo Sie „auf traditionellem Wege" vorgehen?
Viele „Wege" im Klub werden und wurden schon immer auf dem traditionellen Weg begangen. Beispielsweise war es unerlässlich für uns, die Trainer so eng wie möglich in den Prozess einzubinden. Und wenn wir uns davon entfernt haben, wurde das korrigiert. Es ist zum Beispiel wichtig für den Klub, so gut wie möglich zu versuchen, einen strengen Zusammenhalt zwischen allen Parteien, welche bei der Arbeit beteiligt sind, aufrechtzuerhalten. In gewissen Bereichen kehren wir vielleicht sogar zurück zu traditionellen Wegen im Klub. Ich bin aber bei keinem von diesen involviert und werde daher nicht näher darauf eingehen.

Die dänische Superliga hat kürzlich mit einem großen Trackingdatenanbieter vereinbart, Positionsdaten in der gesamten Liga zu erfassen. Wie werden die Klubs von dieser neuen Informationsquelle profitieren?
Zu diesem Zeitpunkt sind wir nicht wirklich in alle diese Dinge involviert, weshalb ich nicht weiß, inwiefern es uns möglicherweise beeinflussen wird.

Werden Positionsdaten dennoch in den datengestützten Ansatz des FC Midtjylland eingebunden oder geschah dies bereits? Wie könnte so etwas aussehen?
Wir sind schon dabei, neue Daten- und Analysetypen einzubeziehen, was zumindest teilweise streng auf Positionsdaten fokussiert ist. Größere Datenmengen, welche mehrere Mannschaften und/oder Ligen umfassen, werden neue Zugänge bezüglich Forschung und Analyse eröffnen. Das könnte ein Katalysator für neue Denkweisen im Fußball sein.

Wo sehen Sie dabei das größte Potenzial? Welche neuen Erkenntnisse über das Spiel kann die Analyse von Positionsdaten liefern – auch im Vergleich zu dem, was bereits erhältliche Daten zu leisten vermögen?
Eventdaten sind bereits aussagekräftig und nützlich, aber mit dem parallelen Einsatz von Positionsdaten sind keine Grenzen mehr gesetzt! Ich favorisiere stark eine Kombination dieser beiden Datentypen. Schon jetzt bringen Eventdaten Erkenntnisse hervor, welche essenziell für das Spielverständnis sind. Der Fußball wird dadurch auf ein anderes Level gehoben.

Das macht es teilweise schwierig, diese Erkenntnisse beispielsweise Trainern und Scouts verständlich zu machen – eine Kernangelegenheit für uns! Mit Positionsdaten wird es allem voran möglich sein, die Eventdaten noch besser verwerten zu können, besonders hinsichtlich der Auswertung der

Bedeutung verschiedener Situationen. Die Positionsdaten werden bei der Entwicklung einer Basisstruktur zur Interpretation aller anderen Daten behilflich sein.

Das wiederum wird es erleichtern, die Nachvollziehbarkeit und das Verständnis aller eingebundenen Parteien zu vergrößern. Für mich ist das eines der größten Potenziale von Positionsdaten. Darüber hinaus kann eine Vielzahl anderer Analysearten angewendet werden, aber darauf kann ich hier nicht genauer eingehen.

Literatur

Biermann, C. (27. April 2013). Der beste Profiwetter der Welt. *11 Freunde,* 137.
Biermann, C. (18. Februar 2015). Moneyball im Niemandsland. *11 Freunde,* 163.
De Hoog, M. (24. März 2015). How data, not people, call the shots in Denmark. *The Correspondent.* https://thecorrespondent.com/2607/how-data-not-people-call-the-shots-in-denmark/230219386155-d2948861.

7

Wo laufen Sie denn?

Interview mit Bayerns Fitnessguru Dr. Holger Broich

Laut Lars Christensen bieten Positionsdaten vor allem in taktischer Hinsicht nahezu unbegrenzte Möglichkeiten. Doch die Einsatzmöglichkeiten lassen sich nicht nur auf den Bereich der Spielanalyse eingrenzen. Beim Blick in die Praxis offenbart sich sogar, dass nach aktuellem Stand der Einsatz der Daten im physischen Bereich vergleichsweise am verbreitetsten ist. In den nachfolgenden Kapiteln werden wir uns ausschließlich den faszinierenden Möglichkeiten im Bereich der taktischen Analyse und Sportspielforschung widmen, davor soll jedoch durchleuchtet werden, wie bereits heute die Leistungsdiagnostik von der neuen Quelle an Fitnessdaten profitiert – besonders wenn diese, wie im Falle der tragbaren Geräte, mit allerlei zusätzlicher Sensorik ausgestattet sind. Einen ersten Einblick gewährt uns Dr. Holger Broich, Leiter Gesundheit und Fitness bei Rekordmeister Bayern München (Abb. 7.1).

Dr. Holger Broich ist DFB-A-Lizenztrainer und promovierte an der Deutschen Sporthochschule Köln zum Thema „Quantitative Verfahren zur Leistungsdiagnostik im Leistungsfußball – empirische Studien und Evaluationen verschiedener leistungsrelevanter Parameter". Er leite von 2003 bis 2014 die sportwissenschaftliche Abteilung der Bayer 04 Leverkusen Fußball GmbH als Konditionstrainer und Leistungsdiagnostiker (Lizenzabteilung) und leitet seit 2014 die Abteilung Gesundheit und Fitness des FC Bayern München (Lizenzabteilung).

© Springer-Verlag GmbH Deutschland, ein Teil von Springer Nature 2019
D. Memmert, D. Raabe, *Revolution im Profifußball*,
https://doi.org/10.1007/978-3-662-59218-2_7

Abb. 7.1 Dr. Holger Broich, Lizenzabteilung, FC Bayern München. (© Dr. H. Broich)

Herr Dr. Broich, wie können Positionsdaten bei der Erfassung physischer Leistungen helfen?
Ich verwende seit vielen Jahren solche Daten, damals bei Bayer 04 Leverkusen und jetzt beim FC Bayern. Die Summe aller Daten ist kaum verwendbar. Wir haben für den FC Bayern eine Selektion und Aggregation vorgenommen, über die ich in diesem Interview allerdings keine Auskunft geben kann.

Verschiedene Hersteller tragbarer Trackinggeräte liefern neben den Positionsdaten noch Werte anderer Sensoren, wie Herzfrequenzmessungen, mit. Wie kommen diese in der Praxis zum Einsatz?
Ich setzte GPSports ein, fast in jeder Trainingseinheit samt Real-Time-Messungen. Was die Daten angeht, so gilt das Gleiche wie gerade gesagt. Es gibt eben kein belastbares Angebot der Firmen oder valide wissenschaftliche Erkenntnisse über die Integration.

Helfen die Daten dennoch bei der Trainingssteuerung?
Natürlich erheben wir all diese Daten zur Trainingssteuerung, sonst würden sie keinen Sinn machen. Ein Kochrezept ist jedoch nicht verfügbar und wird es nie sein. Hier ist vielmehr Expertise gefragt.

Lassen sich die Messungen aus dem Training überhaupt auf den Wettkampf übertragen?
Wettkampf und Training muss natürlich als Einheit gesehen werden. Soweit technisch möglich und physikalisch beziehungsweise physiologisch sinnvoll, verwenden wir vergleichbare Daten.

Gibt es bereits Modelle, mit denen die Belastung der Spieler messbar und überprüfbar gemacht werden können?
Wir verwenden ein selbst entwickeltes Modell, das unter anderem Belastungsmarker enthält.

Die Hersteller versprechen außerdem, mit geeigneten Modellen und gezielter Belastungssteuerung Verletzungen vorzubeugen. Wie sehen Sie die aktuelle Entwicklung in diesem Bereich?
Ein extrem wichtiges Thema, das ja auch in der wissenschaftlichen Literatur und großen Studien, beispielsweise von der UEFA, ausgiebig behandelt wird. Die Faktenlage ist aber noch nicht hinreichend.

Belastung messbar machen

Wie im Interview gesehen lautet das Stichwort also: Belastung. Wie viele Kilometer ein Spieler gelaufen ist (eine Übersicht geben Carling et al. 2008), wie viele Sprints er angezogen hat und welche Topgeschwindigkeit er erreichen konnte, sind zwar nette Informationen in der Sportberichterstattung – für die medizinische Betreuung der Profifußballer geht es aber vor allem um die gezielte Belastungssteuerung einzelner Athleten und Frühwarnsysteme bei Ermüdungserscheinungen.

Denn einige Verletzungen ließen sich vermeiden, könnte man die Erschöpfung der Spieler besser erfassen. Dies war auch das Kernargument, welches die IFAB schließlich dazu bewog, Wearables im Spielbetrieb zuzulassen. Letztlich sind sie einzig und allein zum Wohle der Spieler gedacht, mit einer gezielten Belastungsüberwachungen soll die Gesundheit der Profis besser geschützt werden.

So lautet zumindest der Grundgedanke. Woran es in der Praxis jedoch mangelt, sind wissenschaftlich fundierte Modelle, welche den geeigneten Rahmen für eine sinnvolle Belastungssteuerung bieten können. Jeder Spieler besitzt ganz eigene körperliche Voraussetzungen und reagiert höchst unterschiedlich auf körperliche Aktivität im Grenzbereich. Ein Patentrezept, so auch Broich, kann und wird es daher nicht geben. Doch wie sehen, allgemein gesprochen, Indikatoren für überlastete Spieler überhaupt aus? Welche Werte geben Aufschluss darüber, wie schnell ein Spieler nach einer Verletzung wieder an das Alltagsgeschäft mit hohen Belastungen herangeführt werden kann? Zu diesem Zeitpunkt kann die Sportwissenschaft oder Sportmedizin noch keine zufriedenstellende Antwort auf diese Frage liefern (vgl. Drust et al. 2007; Carling et al. 2008).

Die Vereine sind daher noch weitestgehend auf sich allein gestellt. Die neuen Methoden zur physischen Leistungsdiagnostik nutzen sie dennoch, zu wertvoll ist die Datenquelle. Dabei hat jedes Team und jeder Fitnessstab seine ganz eigenen Herangehensweisen entwickelt, gepaart mit individuellen Erfahrungswerten liefern diese die zurzeit bestmögliche Annäherung an effiziente Methoden zur Steuerung von Trainings- und Wettkampfbelastung.

Einen Einblick in die genauen Abläufe will dabei jedoch keiner der Profivereine gewähren. Schließlich erhofft man sich vom Einsatz innovativer Analysemöglichkeiten immer auch einen Wettbewerbsvorteil. Zu groß ist das Geschäft, um etwaige Fortschritte in allen Bereichen preiszugeben. Neben Holger Broich konnte auch Lars Christensen keine Details verraten. Und auch Ernst Tanner wollte auf Nachfrage keine Auskunft geben. Dieser Umstand zeigt anschaulich, wie eng die Grenzen der Hilfsbereitschaft im modernen Fußball gezogen sind.

Interview mit Professor Dr. Dr. Lochmann, Sportwissenschaftler, Arzt und UEFA A-Lizenztrainer

Inwieweit sich die großen Verheißungen von Laufleistungen, Herzfrequenzen und Beschleunigungswerten letztlich erfüllen können, bleibt abzuwarten. Und auch wenn die Wissenschaft noch keine verlässlichen Modelle anbieten kann, lohnt sich dennoch der Blick in die Forschung. Um neben dem aktuellen Stand der Dinge in der Praxis auch jenen in der Theorie einordnen zu können, sprachen wir mit Professor Dr. Dr. Matthias Lochmann (Abb. 7.2), der das Thema aus einer wissenschaftlichen Perspektive betrachtet.

Professor Dr. Dr. Matthias Lochmann ist Trainingswissenschaftler, Sportmediziner und UEFA A-Lizenztrainer. Seit 2008 arbeitet er als Professor am Institut für Sportwissenschaft und Sport der Friedrich-Alexander-Universität

Abb. 7.2   Prof. Dr. Dr. Matthias Lochmann, Trainingswissenschaftler, Sportmediziner. (© Prof. Dr. Dr. M. Lochmann)

Erlangen-Nürnberg und leitet dort den Arbeitsbereich Sport- und Bewegungs-medizin. Selbst Fußball gespielt hat er unter anderem beim SV Darmstadt 98. Als Trainer war er neben vielen weiteren Stationen im Nachwuchsleistungs-zentrum des 1. FSV Mainz 05 tätig. Prof. Dr. Dr. Matthias Lochmann war ebenfalls am Aufbau und der Durchführung der Zertifizierung der Nach-wuchsleistungszentren der deutschen Profiklubs beteiligt. Gemeinsam mit der Fraunhofer Gesellschaft arbeitet er an Innovationen im Bereich der datenge-triebenen Wettkampf- und Trainingssteuerung in Echtzeit. Einen For-schungsschwerpunkt stellen die Möglichkeiten und Grenzen periodisierter Wettkampfsysteme für die Leistungs- und Gesundheitsentwicklung junger Sportspieler dar.

Sehr geehrter Herr Prof. Dr. Dr. Lochmann, wie finden Positionsdaten in der medizinischen und physischen Leistungsanalyse Verwendung?
Positionsdaten können aus leistungsphysiologischer Sicht zur Erfassung der körperlichen Belastung herangezogen werden. Streng abgegrenzt davon wird die individuelle Beanspruchung eines Fußballspielers. Sie stellt die individu-elle Reaktion des Organismus auf die Belastung dar und ist abhängig von Trainingszustand, Alter, Erholtheit, Klima. Ähnliche Belastungsgefüge kön-nen sich somit sowohl bei ein und derselben Person und insbesondere zwi-schen unterschiedlichen Personen verschieden auswirken. Zur Ableitung von geeigneten Maßnahmen zur Trainingssteuerung und zum Regenerationsma-nagement muss daher immer eine integrale Analyse des Belastungs- und Beanspruchungsgefüges erfolgen. Die isolierte Analyse von Positionsdaten führt notwendigerweise zu völlig falschen Schlüssen.

Gibt es denn überhaupt Daten, welche der täglichen Arbeit bereits genügen?
Eine valide Erfassung des Belastungs- und Beanspruchungsgefüges setzt eine verlässliche Erfassung der Positionsdaten selbst sowie eine gekoppelte synchrone Analyse von Positionsdaten und weiteren sensorischen Daten voraus. Dies ergibt sich daraus, dass beispielsweise die videobasierte Positionsdatenanalyse noch immer erhebliche Reliabilitätsmängel hinsichtlich zeitlicher und räumlicher Merkmale besitzt. Bei GPS-gestützten verfahren sind diese Mängel noch wesentlich stärker ausgeprägt. Durch die Hinzunahme von Daten aus Accelerometern (Beschleunigungssensoren, Anm. d. Autoren) können diese Reliabilitätsmängel gemindert werden. Eine dem aktuelle technischen Entwicklungsstand entsprechende funkortungsbasierte lokale Positionsdatenanalyse kann Positionsdaten zeitlich sehr hoch auflösen, ein Fehler in der Ortsauflösung von plus minus 5 bis 10 cm bleibt aber auch hier bestehen.

Sie sprachen Sensorik wie Beschleunigungssensoren in tragbaren Erfassungsgeräten bereits an. Helfen diese, neben der Genauigkeit der Daten, auch bei der späteren Analyse?
Zur Erfassung der Beanspruchung des kardiovaskulären Systems kann die zeitsynchrone Messung der Herzfrequenz wertvolle Hinweise liefern. Liegen aktuelle Referenzdaten aus leistungsphysiologischen Laboruntersuchungen vor, können darüber hinaus Abschätzungen hinsichtlich der metabolischen Beanspruchung des Organismus vorgenommen werden.

Wo liegen hier die Schwierigkeiten?
Sollen praktisch relevante Maßnahmen zur Steuerung von Training und Wettkampf aus der Aufnahme und Analyse von Positionsdaten, Beschleunigungsdaten und Herzfrequenzdaten erfolgen, setzt dies mehrere Dinge voraus: zunächst die Fähigkeit, valide, verlässliche und objektive Daten zu erfassen und zeitnah – bestenfalls in Echtzeit – auswerten zu können. Weiterhin die Kapazität, die Datenerfassung und Auswertung möglichst lückenlos in Training und Wettkampf durchzuführen und verfügbar machen zu können. Und drittens die Fähigkeit, Training, Wettkampf und Regenerationsmanagement auf der Basis der erhobenen Daten ideal miteinander verzahnen zu können.

Wo klappt dieses Konzept bei der Umsetzung in der Praxis bisher am erfolgreichsten?
Bei einer methodisch korrekten Vorgehensweise ist die Belastungsmessung jener Bereich, der noch am besten beherrschbar ist. Eine hinreichend verwertbare Beanspruchungsmessung stellt sich schon als wesentlich aufwendiger

und schwieriger dar. Auch in zahlreichen Profiklubs weltweit stellen Mängel in den genannten Voraussetzungen den größten Hinderungsgrund für eine fundierte, datengetriebene Steuerung von Training, Wettkampf und Regeneration dar.

Ein weiteres Problem besteht in der mangelnden Verfügbarkeit geeigneter, wissenschaftlich fundierter Modelle, die eine datengetriebene Steuerung von Trainingsmaßnahmen, präventiver und rehabilitativer Maßnahmen in der Praxiswirklichkeit ermöglichen könnten. Demzufolge wird auch im Jahr 2016 bestenfalls nach *best practice* verfahren.

Literatur

Carling, C., Bloomfield, J., Nelsen, L., & Reilly, T. (2008). The role of motion analysis in elite soccer: Contemporary performance measurement techniques and work rate data. *Sports Medicine, 38*(10), 839–862.

Drust, B., Atkinson, G., & Reilly, T. (2007). Future perspectives in the evaluation of the physiological demands of soccer. *Sports Medicine, 37*(9), 783–805.

8

Von Media zum Storytelling

Trockenübungen am Touchscreen

„Der Ball ist rund, und das Spiel dauert 90 Minuten", so lautet eines der
bekanntesten Zitate von Deutschlands Rekordnationaltrainer und Fußball-
ikone Sepp Herberger. Bis heute hat sich an diesem Grundsatz des Fußballs,
lassen wir Nachspielzeit und Verlängerung für einen Moment unbeachtet,
nichts getan. Relativ neu ist hingegen das mediale Nachspiel, welches ein
Schiedsrichter mit dem Abpfiff einleitet.

Heute hat jedes Spiel so ein Nachspiel – im Fernsehen, Internet und an den
Zeitungsständen. Wer möchte, kann ohne Weiteres mindestens noch einmal
genauso viel Zeit mit der anschließenden Spielanalyse verbringen wie mit
dem eigentlichen Spielgeschehen zuvor. Bei der Spielübertragung im Fernsehen sind taktische Reflexionen in der Halbzeitpause und nach Spielende mittlerweile mehr Pflicht als Kür: Ob Erik Meijer beim Bezahlsender Sky oder
Holger Stanislawski im ZDF, das Aufzeigen von charakteristischen Spielzügen, Stellungsfehlern oder Schlüsselmomenten an riesigen Touchscreens ist
zum Standard geworden. Mit der Spieltagsanalyse auf Sport1 gibt es bereits
seit einigen Jahren sogar ein eigenes Format zur taktischen Aufarbeitung eines
jeden Bundesligaspieltags.

Als Stammspieler in der medialen dritten Halbzeit immer dabei: Daten. Es
geht längst nicht mehr nur um die Wiederholung einiger Spielszenen, son-
dern um neue Perspektiven auf das zuvor Gesehene. Im Internet sind die
Möglichkeiten für Zuschauer sogar noch ausgefallener. Bereits während des
Spiels stehen auf den Internetseiten der Sendeanstalten neben alternativen
Kameraperspektiven zahlreiche Spielinformationen zur Verfügung. Darüber

© Springer-Verlag GmbH Deutschland, ein Teil von Springer Nature 2019
D. Memmert, D. Raabe, *Revolution im Profifußball*,
https://doi.org/10.1007/978-3-662-59218-2_8

hinaus bieten sich unzählige Möglichkeiten, wie beispielsweise die ligaeigene Website www.bundesliga.de oder auch das Onlineportal des Sportnachrichtenmagazins Kicker, sich interaktiv einen Weg durch den Informationsdschungel zu bahnen.

Diese Entwicklung kommt nicht von ungefähr, sondern spiegelt ein enorm gestiegenes Interesse vieler Fußballfans an einer ausführlichen Nachberichterstattung wider. Mithilfe von datengestützten Fakten bietet sich ihnen ein völlig neuer Zugang zu den Hintergründen, und sie erhalten tief greifende Erklärungen für die taktischen Aspekte des Spiels. Hinzu kommt die optische Komponente, denn mithilfe von Positionsdaten lassen sich visuell höchst ansprechende Grafiken erzeugen, die die Sportberichterstattung auf ein neues Level heben.

Das Heatmapphänomen

Schaut man jedoch etwas genauer hin, wirkt der Umgang mit den Daten hier und da noch etwas unbeholfen. Ballbesitzstatistiken oder Passquoten, fest verankert im Wortschatz des modernen Fußballkommentators, werden regelmäßig als Gütesiegel herangezogen, obwohl sie erwiesenermaßen kein Erfolgskriterium darstellen. Je höher die Passquote eines Spielers desto besser, keine Frage. Doch nicht immer versteckt sich in diesem Wert die ganze Wahrheit. Er vernachlässigt unter anderem, ob ein Spieler vornehmlich Sicherheitspässe über kurze Strecken spielt oder versucht, mit deutlich riskanteren Pässen das Vertikalspiel zu beleben.

Ähnlich verhält es sich mit der Ballbesitzquote. Dieser Wert sagt durchaus einiges über die Dominanz einer Mannschaft aus, aber selten über ihre Siegchancen. Dies werden wir in Kap. 18 noch vertiefen. Es sei jedoch erwähnt, dass, wie Modellierungen von Professor Jürgen Perl zeigen, erst eine extrem hohe Feldüberlegenheit in Sachen Ballbesitz die Wahrscheinlichkeit eines Sieges erhöht – Werte unterhalb dieser magischen 70 %-Schwelle weisen sogar eine Tendenz in die andere Richtung auf.

In der Sportberichterstattung sieht man dennoch immer wieder, dass Mannschaften aufgrund ihrer Ballbesitzwerte als „besser" oder „schlechter" bezeichnet werden oder Niederlagen einer ballbesitzstarken Mannschaft als unverdient abgehandelt werden. Die Faktenlage wird in diesen Fällen ebenso übergangen wie der Einsatz von Spielphilosophien, welche bewusst auf übermäßigen Ballbesitz verzichten.

Am besten lässt sich dieses Missverhältnis zwischen Schein und Sein an der klassischen Heatmap erkennen (vgl. Abb. 8.1). Für den datenaffinen Fußballfan ist sie durchaus ein hübscher Blickfang – über das Verhalten eines Spielers sagt sie indes reichlich wenig aus. Problematisch ist die Fülle an Informationen,

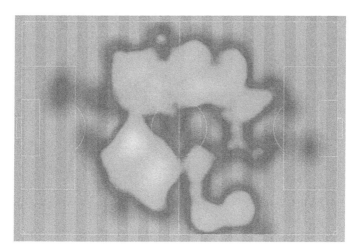

Abb. 8.1 Klassische Heatmap. (Mit freundlicher Genehmigung von Perform Media Deutschland GmbH, Marke Opta)

welche sich in der Heatmapdarstellung überlagern. Die Summe aller Laufwege, ohne Rücksicht auf den jeweiligen Kontext, lässt im Ergebnis maximal zwischen defensiven und offensiven Mittelfeldspieler unterscheiden. Dabei steckt eigentlich deutlich mehr drin.

So richtig übel nehmen kann man den Medienunternehmen diesen Umstand dann aber doch wieder nicht. Das Problem einer geeigneten Informationsvermittlung, welche komplexe Zusammenhänge unmissverständlich, prägnant und anschaulich darstellen sollte, ist kein Leichtes – besonders im Umfeld einer kurzweiligen Sportübertragung. Schließlich ist für alle Beteiligten der Umgang mit Spieldaten weitestgehend Neuland, und es wäre falsch, unrealistische Erwartungen zu schüren. Es wird Zeit brauchen, bis das allgemeine Verständnis für fortschrittliche Key-Performance-Indikatoren wächst und sich in der Medienlandschaft etabliert.

Die Faszination bleibt allemal. Bereits jetzt können wir uns Woche für Woche an statistischen Zusatzinformationen und optischen Leckerbissen erfreuen, egal ob spielentscheidend oder nicht. Zukünftig werden weitere innovative wie kreative Lösungen hinzukommen und das Erlebnis Fußball maßgeblich prägen.

Interview mit Tim Bagner, ChyronHego

Neben den Sendeanstalten sind verschiedene Drittanbieter an dieser Entwicklung maßgeblich beteiligt. Einer dieser Dienstleister heißt ChyronHego, ist spezialisiert auf Mediengrafiken und Marktführer in Sachen Positionsdatenerhebung. Neben verschiedenen europäischen Topligen wie der englischen

Abb. 8.2   Tim Bagner, Key-Account-Manager der ChyronHego GmbH. (© T. Bagner)

Premier League beliefert das schwedisch-amerikanische Unternehmen auch die Bundesliga seit 2013 mit Positionsdaten. Tim Bagner wurde im Januar 2013 Key-Account-Manager der ChyronHego GmbH (New York, Stockholm und Köln) und ist für Spielanalyse und Spielerbeobachtung für die Deutschen Fußball Liga zuständig (Abb. 8.2).

In diesem Zusammenhang beliefert er die DFL mit Positionsdaten. Bereits im Juni 2012 begann er seine Position als UEFA Venue Operations & Broadcast Manager (und Mentor) für die UEFA Champions League, UEFA Europa League und europäische Qualifikationsspiele für die Firma UEFA Event S.A. in Nyon, Schweiz. Seit Mai 2003 ist er Inhaber und Geschäftsführer des Film- und TV- Auftragsproduktion gbs – german broadcast services, Deutschland. Im Interview gibt er einen Einblick in das Geschäft hinter den Fernsehkameras und die Zusammenarbeit mit der Bundesliga.

Sehr geehrter Herr Bagner, die datengestützte Spielanalyse freut sich im Fernsehen zunehmender Beliebtheit. Wie schätzen Sie als Medienexperte diese Entwicklung ein?

Medienunternehmen wie Sky Deutschland, RTL oder die öffentlich-rechtlichen Sender sind immer auf der Suche nach innovativen Produkten, um das Liveerlebnis für die Zuschauer zu erhöhen, und vor allem, um sich von nonlinearer Konkurrenz abzusetzen. Der Sport als Liveevent mit den hohen Zuschauerzahlen bietet den Sendern die beste Möglichkeit, sich hier zu profilieren.

Nach der Umstellung von HDTV auf 4K ist eine bahnbrechende Weiterentwicklung von Kamerasystemen derzeit allerdings nicht in Sicht. Die Innovationen im Medienbereich, insbesondere bei der Liveberichterstattung, werden sich vielmehr auf den Bereich der Spielanalyse konzentrieren. Die Nutzung von Daten in den Medien zur Spielanalyse wird in den kommenden Jahren daher stetig ansteigen.

Worin sehen Sie die Gründe für diesen Hype?

Das liegt einerseits daran, dass die Erfassungssysteme für Livedaten immer ausgefeilter, präziser und schneller werden. Andererseits werden den Positionsdaten immer mehr Scoutinginformationen zugefügt, sodass die Möglichkeiten einer substanziellen Analyse in einer Livesendung – sei es während des Spiels selber, bei Spielunterbrechungen, in den Halbzeiten oder nach dem Spiel – immer größer werden.

Welche Möglichkeiten eröffnet die Datenflut den Sendeanstalten konkret?

Durch die rasante Weiterentwicklung der Grafikprozessorleistungen können umfangreiche und aufwendige virtuelle Anwendungen zukünftig schneller berechnet und dem Zuschauer oder Nutzer auf vielfältige Weise zeitnah präsentiert werden, sei es als Liveelement in einer Sendung, z. B. virtuelle Animation als *first* oder *second replay* mit Perspektivwechsel, oder sei es als *second screen application* mittels Virtual-Reality-Brille für den Zuschauer auf dem Sofa. Livepositionsdaten ohne Latenz mit hoher Qualität und Validität werden zukünftig für alle Applikationen und Animationen eine entscheidende Rolle spielen.

Gibt es neben der grafischen Aufbereitung noch weitere Einsatzfelder?

Neben der virtuellen Umsetzung von Spielszenen werden Livepositionsdaten auch wichtige Informationen zur tieferen und qualitativen Analyse von Spielszenen liefern. Jedes Ergebnis einer Spielanalyse wird zukünftig gestützt durch „harte Datenfakten". Die Daten untermauern die Analyse, und mithilfe der Daten werden Schlüsselsituationen automatisch erkannt – Stichwort Mustererkennung.

ChyronHego ist als Marktführer in Sachen Positionsdatenerfassung global tätig und beliefert seit 2013 auch die Erste und Zweite Bundesliga. Was muss ein Datenerheber heutzutage können, um eine europäische Topliga auszustatten?

Die Vergabe der Erfassungsrechte hängt von sehr vielen Faktoren ab. In erster Linie stehen die Klubs mit dem Bedürfnis, zuverlässig Daten von hoher Qualität während des Spiels zu erhalten, um Ad-hoc-Entscheidungen wie Auswechslungen aufgrund von Konditionsgrenzen, Verletzungsvermeidung oder Veränderung der taktischen Ausrichtung und so weiter treffen zu können.

In der Nachanalyse sollten die Daten schnellstmöglich korrigiert vorliegen, um diese für visuelle Anwendungen nutzen zu können. Hier gilt es, 100 % valide Positionsdaten für Spieler und Ball möglichst schnell auszuliefern. Aber eine Erhebung der reinen Positionsdaten reicht heute längst nicht mehr aus, um ganze Ligen zu versorgen.

Worauf kommt es noch an?

Es gibt viele Start-ups, die Daten auf unterschiedlichste Weise veredeln können und wollen. Aber ein Mindestmaß an qualitativen Auswertungen wird von allen Klubs erwartet, zumal finanzschwächere Klubs keine eigene Auswertung der Positionsdaten vornehmen können. Außerdem hängen Refinanzierungsmodelle entscheidend von der Datentiefe ab, nicht nur von der Datenqualität. Daher sind alle Datenanbieter gefordert, zusätzliche Veredelungen vorzunehmen, um die Nutzbarkeit der Daten zu erhöhen. Positionsdaten liefern viel mehr Informationen als Laufdistanzen und Geschwindigkeiten.

In Deutschland haben alle Mannschaften der Ersten und Zweiten Bundesliga vollen Zugriff auf die Informationen, können also auch die Daten der Konkurrenz in ihren Analysen verwenden. Ist die Situation in den anderen Ligen Europas vergleichbar?

Jede Liga verfolgt derzeit ein anderes Konzept. Am Anfang steht die Frage, wer bekommt welche Daten und wem gehören die Daten. In einigen Ligen wie in England beauftragt der Ligaverband EPL, ähnlich wie bei der Bundesliga die DFL, den Datenerheber. Dort erhalten aber nur die beiden Mannschaften des jeweiligen Spiels die Daten. In anderen Ligen stehen allen Klubs die Daten aller Ligaspiele zur Verfügung. Der Eigentümer der Daten entscheidet, welche Daten in welcher Form verbreitet werden. Auch die Qualität der Livedaten variiert mit dem Konzept der jeweiligen Liga und dem ausgesuchten Datenerfasser.

Woher kommt das?

Die vorhandenen Budgets sind hier natürlich auch entscheidend dafür, wie hoch die Datenqualität ist und in welcher Datentiefe ermittelt wird. Es gibt zweidimensionale Systeme, bei denen der Ball nicht erfasst wird, und es gibt dreidimensionale Systeme, bei denen bei der Erhebung nicht nur die Ballpositionsdaten erhoben werden, sondern bereits im Liveprozess Informationen wie Nettospielzeit, Ballbesitz, Passverhalten und Ballkontrollverhalten in die Positionsdaten mit einfließen. Dazu kommt der unterschiedliche Umgang mit Saisondatenbanken. Einige Ligen verzichten auf Datenbanken und überlassen dies Drittanbietern.

Oftmals sind es auch nur die Fernsehsender, die sich ein Trackingsystem leisten, um dem Zuschauer mehr Content für einzelne Spiele anzubieten und mit Livedaten zu arbeiten. So gibt es beispielsweise in den Niederlanden den Sender Fox, der mit Livepositionsdaten arbeitet, um aus den Positionsdaten nicht nur gängige Statistiken zu generieren, sondern vor allem, um virtuelle Realitäten zu schaffen. Auch in Japan ist der Trackingpartner der Liga ein Medienunternehmen, für das die Versorgung der Klubs mit Daten zweitrangig ist.

Eine zentrale Datenerhebung ist derzeit also nur ein Phänomen der großen Ligen?
In vielen mittleren und kleineren Ligen beauftragen die jeweiligen Klubs ihren Datenerheber, ligaübergreifende Verträge gibt es nur in den großen Ligen.

Gibt es dafür eine Erklärung?
Die Refinanzierungsmöglichkeiten für Positionsdaten sind sehr unterschiedlich in den verschiedenen Ligen. Doch es ist deutlich ein Trend zu erkennen, dass sich immer mehr mittlere und kleinere Ligen auch für ligaweite Lösungen entscheiden. Die belgische und die niederländische Liga haben sich nun entschieden, ein ligaweites Tracking einzuführen. Das hängt einerseits mit der fortschreitenden Professionalisierung der Ligen zusammen, aber auch mit dem wirtschaftlichen Potenzial dieser Daten. Statistiken können in allen Medien genutzt werden, und der Handel mit Daten ist leicht und skalierbar. Dadurch eröffnen sich vielfältige Refinanzierungswege.

In der technischen Weiterentwicklung wurde zuletzt viel am zuverlässigen Tracken des Balles gearbeitet. Wie entscheidend ist das Spielgerät?
Das Tracken des Balles wird immer wichtiger, um neben den Leistungsdaten der Spieler auch tief greifende taktische Analysen in Echtzeit zur Verfügung stellen zu können. Ballgeschwindigkeiten und Balldistanzen innerhalb der Team-Ballbesitzsequenzen sind beispielsweise enorm wichtige Parameter, mit denen sich Passsicherheit, Passquote, Spieleffizienz und so weiter prägnant darstellen lassen. Durch die Weiterentwicklung zum 4K-Tracking wird der Ball noch besser erkannt werden, wobei die Ballpositionen auch beim 4K-Tracking immer noch oft berechnet werden müssen, da der Ball immer mal wieder von Spielern verdeckt wird.

Die Position des Balles lässt sich nicht immer aus der Bildanalyse der zur Verfügung stehenden Kamerasignale ableiten. Die nötige Berechnung – wo war der Ball im letzten Frame, in welchem Radius könnte er im aktuellen Frame sein, wo kann er definitiv nicht sein? – findet schon bei der Bestimmung der Ballposition statt. Bei einer Framerate von 25 (Aufzeichnungen pro Sekunde, Anm. d. Autoren) benötigt der Ball zudem auch Geschwindigkeitsfilter, um valide Geschwindigkeitswerte für jedes einzelne Frame zu präsentieren. Dies führt zu einer Latenz, die nur bei wenigen Systemen live noch brauchbar sind.

Welche Systeme arbeiten dennoch mit den Ballpositionen?
Die Ballposition liefert beispielsweise heute schon das Triggersignal für Audiomischpulte in Übertragungswagen. Bei einer zunehmenden Anzahl von Mikrofonen, derzeit sind zwölf Spielfeldmikrofone internationaler

Mindeststandard bei Fußballübertragungen, kann ein Audioingenieur keinen vernünftigen Audiomix anbieten, bei dem eigentlich jede Ballberührung zu hören sein sollte. Live-Ballpositionsdaten helfen hier, die Audiofader voll automatisch zu steuern.

Bei großen Turnieren werden zukünftig Kameras mit automatischen Schwenkneigeköpfen durch Ballpositionsdaten gesteuert. Bei der *pan-scan technology* werden hochauflösende statische Kamerabilder, 4K oder 8K, genommen, aber nur kleine Ausschnitte auf Basis von Positionsdaten generiert. Dies wird für vollautomatische Fernsehproduktionen von Sportereignissen erforderlich.

9

Der Weg an die Spitze

Das Gladbacher Wunder

Am 15. September 2015 war es endlich so weit. Nach jahrzehntelanger Abstinenz aus Europas Eliteklasse bestritt Borussia Mönchengladbach an diesem historischen Abend in Sevilla die erste Champions-League-Partie der Vereinsgeschichte. 37 Jahre zuvor, in der Saison 1977/1978, schied man zuletzt im Halbfinale des Europapokals der Landesmeister aus und sollte die Bühne des wichtigsten internationalen Vereinsturniers danach nicht mehr betreten. Bis zu diesem Tag. Dabei liegt der Anfang dieses modernen Fußballmärchens im Februar 2011, als Lucien Favre den damaligen Cheftrainer Michael Frontzeck an der Seitenlinie ablöste. Gladbach lag zu diesem Zeitpunkt abgeschlagen auf dem letzten Tabellenplatz, sieben Punkte trennte die Elf vom Niederrhein vom rettenden Ufer. In den Medien wurde die Einstellung Favres bereits als Vorgriff auf den Abstieg gewertet, denn der Schweizer Trainer galt eigentlich als einer, der etwas aufbaut, und nicht als typischer Feuerwehrmann.

Doch es kam anders. In einem furiosen Saisonendspurt, bei welchem die bereits abgeschriebene Fohlenelf vier Spieltage vor Schluss immer noch den letzten Tabellenrang belegte, konnte sie aus den letzten vier Spielen ganze zehn Punkte holen und sich auf den Relegationsplatz retten. Den Klassenerhalt sicherte man anschließend gegen den VfL Bochum. Und die Rettung in letzter Minute markierte den Anfang eines rasanten Aufstiegs Gladbachs. Bereits in der nächsten Saison führte Favre seine Mannschaft bis auf den

Elektronisches Zusatzmaterial Die Online-Version dieses Kapitels (https://doi.org/10.1007/978-3-662-59218-2_9) enthält Zusatzmaterial, das für autorisierte Nutzer zugänglich ist.

vierten Tabellenplatz, doch nachdem sie in den Champions League Play-offs Dynamo Kiew unterlag, musste man zunächst mit der Europa League vorliebnehmen. Der große Tag ließ noch drei Jahre auf sich warten. Die Saison 2014/2015 brachte nach einer weiteren Teilnahme an der Europa League dann endlich den dritten Rang in der Abschlusstabelle mit sich und vollendete den Gladbacher Traum von Europa (Abb. 9.1).

Doch Erfolgsstorys wie diese sind keine Seltenheit. In derselben Saison schaffte auch der FC Augsburg sensationell den Sprung nach Europa. Ein Jahr zuvor war es der 1. FSV Mainz 05, der die Buchmacher narrte, in der Saison davor Eintracht Frankfurt sowie der SC Freiburg. Immer wieder schaffen es vermeintliche Underdogs auch über einen längeren Zeitraum hinweg, Experten mit ihren Leistungen zu verblüffen und die Fans zu begeistern. Eng verbunden mit der Frage, wie solche Höhenflüge zu erklären sind, ist die etwas allgemeinere Überlegung, wo welche Mannschaft am Ende der Saison landet. Dabei ist der Vergleich zu Rahmenbedingungen wie etwa der Finanzstärke von Klubs bereits häufiger gezogen worden und ein Zusammenhang nicht von der Hand zu weisen (Frick 2005; Heuer 2012). Doch ist es darüber hinaus möglich, die Leistungsunterschiede von Mannschaften auch auf taktischer Ebene zu erklären?

Aus Gladbacher Sicht war der Weg vom Abstiegs- zum Champions-League-Kandidaten eine Entwicklung über mehrere Jahre und eng verbunden mit dem Wirken des mittlerweile zurückgetretenen Cheftrainers Favre.

Abb. 9.1 Das Team von Borussia Mönchengladbach feiert den 2:0 Sieg über den FC Bayern mit seinen Fans, 2015. (© firo Sportphoto/augenklick/picture alliance)

Unter ihm versuchten die Fohlen mit sehr offensiven Außenverteidigern immer wieder, über die Außenbahnen in den gegnerischen Strafraum zu stoßen, konnten sich mit den beiden spielstarken Stürmern Raffael und Kruse aber genauso durchs Zentrum kombinieren. In der Saison 2014/2015 sicherten sich neben Gladbach ebenso der FC Bayern München, der VfL Wolfsburg und Bayer 04 Leverkusen einen Startplatz in der Champions League. Wenn man sich die verschiedenen Spielphilosophien dieser Teams anschaut, erkennt man leicht, dass durchaus unterschiedliche Stile den Weg zu einem Platz an der Sonne ebneten.

Neben Gladbach spielte auch der VfL Wolfsburg ein durch Mittelfeldpressing geprägtes Spiel mit vielen Kontern. Leverkusen hingegen wurde unter Trainer Roger Schmidt für sein aggressives Angriffspressing bekannt. Ganz anders der FC Bayern, welcher mit seinem dominanten, ballbesitzorientierten Spiel den Gegner regelrecht im eigenen Strafraum einschnürte und geduldig auf Lücken lauerte. Vier Mannschaften, vier Philosophien – und alle landeten am Ende ganz oben. Obwohl die Suche nach einer Erklärung für diese Vielfältigkeit von Erfolgsstrategien bis dato vor allem subjektiv geführte Debatten nach sich zog, liefern uns neuartige Techniken und Methoden der automatisierten Spielanalyse auf der Basis von Positionsdaten (einen Überblick geben Memmert et al. 2017) nun auch objektive Einsichten.

Neue Perspektiven dank Big Data

Für eine fundierte wissenschaftliche Analyse gilt jedoch zu bedenken, dass in 90 min eines einzigen Spiels viel passieren kann und der Endstand die Kräfteverhältnisse auf dem Platz nicht immer adäquat widerspiegelt. An fast allen Spieltagen gibt es Resultate, die im Nachhinein als unerwartet oder sogar als unverdient bezeichnet werden können. In den Nachberichten der Medien ist dann oft von Außenseitersiegen, von Resultaten, die den Spielverlauf auf den Kopf stellen, oder Last-minute-Siegen die Rede. Sind alle 34 Spieltage absolviert, finden sich die 18 Teams der Bundesliga dennoch meist auf dem Tabellenplatz wieder, der ihre Spielstärke in der Saison im Vergleich zu den anderen Mannschaften korrekt beschreibt.

Wenn man sich, wie eingangs erwähnt, allein auf die taktische Leistung der Mannschaften beschränkt, ist es möglich zu analysieren, wie sich erfolgreiche Teams in ihren spielerischen Leistungen auszeichnen – und welche Gemeinsamkeiten sie trotz unterschiedlicher Spielanlage aufweisen. In einer Studie wurde nun versucht, genau dies herauszufinden (Memmert et al. 2016a, b).

Verglichen wurden die Leistungsdaten von Mannschaften des oberen sowie des unteren Tabellendrittels in der Bundesliga, gemäß Abschlusstabelle der Spielzeit 14/15. Die Big-Data-Feldstudie, auf die sich auch größtenteils die Ergebnisse der folgenden Kapitel beziehen, umfasste insgesamt 50 Spiele – das sind ca. 310.000.000 Datenpunkte aus über 4200 gespielten Minuten im deutschen Oberhaus. Eine ganz schöne Menge also. Und dennoch eine Sache von Sekunden, betrachtet man die benötigte Zeit zur eigentlichen Auswertung.

Zum Einsatz kam das angesprochene, entwickelte Spielanalysetool SOC-CER (© Perl 2011) und am Ende standen 11.160 berechnete Leistungswerte zu Buche, komplementiert von traditionellen, per Hand gefertigten Spielanalysen – eine geeignete Basis, um eine taktisch völlig neue Perspektive auf den Spitzensport zu erhalten.

Was macht nun den Unterschied zwischen erfolgreichen und erfolglosen Teams aus? Vergleicht man die Leistungen beider Gruppen hinsichtlich fortgeschrittener KPIs mithilfe verschiedener statistischen Tests, zeigen die Ergebnisse eine eindeutig höhere Dominanz seitens der spielstärkeren Mannschaften. Bei der Auswertung zeigt sich ebenfalls eine besonders deutliche Überlegenheit bei Messungen bezüglich eines dieser neu entwickelten KPIs: der Raumkontrolle. Wie wir sehen werden, schlägt dieser Wert eindeutig zugunsten der Topmannschaften aus.

Wer kontrolliert den Raum? Die Geometrie hilft aus!

Bevor wir die Resultate jedoch genauer betrachten, sollte zunächst festgehalten werden, wie ein Leistungsindikator der Raumkontrolle bestimmt werden kann. In einer intuitiven Beschreibung könnte man jedem Spieler genau den Raum auf dem Spielfeld zuschreiben, welchen er aufgrund seiner aktuellen Position vor allen anderen Spielern erreichen kann. Dennoch unterscheiden sich einzelne Spieler in ihren individuellen physischen Voraussetzungen, wie beispielsweise im Antritt oder in der Wendigkeit. Auch situationsbedingte Faktoren, wie die aktuelle Laufrichtung, können zusätzlich eine Rolle spielen.

Diese persönlichen Faktoren sind nur sehr schwer zu bestimmen, obwohl Wissenschaftler bereits an geeigneten Bewegungsmodellen forschen. Erfahrungsgemäß gleichen sich jedoch etwaige Ungleichheiten zum einen durch das Zusammenwirken der Spieler innerhalb der Mannschaft und andererseits über den zeitlichen Verlauf aus. Daher nehmen wir vereinfacht an, dass jeder Spieler die Punkte auf dem Feld kontrolliert, denen er am nächsten ist. Statistisch betrachtet muss diese Vereinfachung kein Nachteil sein. Denn sollten sich bereits mit diesem grundlegenden Modell Effekte nachweisen lassen, bildet es eine gute Basis für Verfeinerungen.

Die Grundlage für die technische Realisierung dieser Idee liefern die Überlegungen des ukrainischen Mathematikers Georgi Feodosjewitsch Voronoi, welche dieser bereits vor über hundert Jahren veröffentlichte (Voronoi 1907). Sein Ansatz erlaubt die geometrische Zerlegung des Spielfeldes in 22 Felder, ein sogenanntes Voronoi-Diagramm. Hierbei wird jeder Spieler als Kern einer Zelle betrachtet, welche genau die Fläche des Spielfelds umfasst, deren Punkte dem Spieler am nächsten sind. Die Grenze zweier aneinanderliegender Zellen wird demnach an der Stelle gezogen, welche die beiden Spieler zum gleichen Zeitpunkt erreichen könnten. Im einfachen und trivialsten Fall gibt es nur zwei Spieler, dann kontrollieren diese beiden Spieler in Abhängigkeit ihrer Position auf dem Platz zwei verschiedene Räume (vgl. Abb. 9.2, oben). Bei fünf Spielern wird es schon etwas komplizierter (vgl. Abb. 9.2, unten).

Mithilfe dieser Voronoi-Zellen, formal ausgedrückt ein informatisches Konzept zur Ermittlung von Einflussbereichen, wird für jeden Spieler in Bezug auf jeden Zeitraum (z. B. erste oder zweite Halbzeit) ermittelt, welchen Bereich des Spielfeldes er kontrolliert. Konkret ergibt sich ein Prozentwert aus der Summe der Punkte, die der Spieler schneller erreichen kann als alle anderen. Um das Offensivspiel einer Mannschaft zu analysieren, ist es von besonderem Interesse, wie viel Kontrolle sie in den kritischen Zonen im Angriff erspielen und verwalten kann.

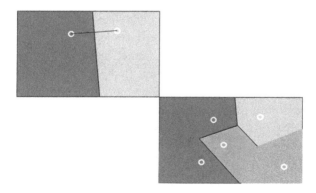

Abb. 9.2 Illustration des Raumkontrollansatzes mit zwei bzw. fünf Spielern

Daher wurde in der Untersuchung, statt das ganze Spielfeld zu betrachten, ein Hauptaugenmerk auf die Angriffszone und den gegnerischen Strafraum gelegt. Des Weiteren wurden vornehmlich Pässe in Betracht gezogen. So konnte untersucht werden, wie sich Raumkontrollwerte verschieben, wenn eine Mannschaft in Ballbesitz ist: Wie schafft sie es, während ihres eigenen Passspiels, Räume in den kritischen Bereichen des Feldes zu erobern und zu halten?

Forschungsprojekt: Vertikalpässe zum Raumgewinn

In einem aktuellen Forschungsprojekt (Rein et al. 2017) werden Vertikalpässe in die Spitze als Mittel zum Raumgewinn analysiert. Das Passverhalten ist ein Schlüsselmerkmal für erfolgreiche Leistung in Teamsportspielen. Vorherige Ansätze haben sich jedoch hauptsächlich auf die gesamt Passhäufigkeit in Relation zum Spielergebnis fokussiert, was wenig Informationen darüber bereitstellt, was tatsächlich erfolgreiches Passverhalten ausmacht. Dies erschwert die Anwendung der Forschungsergebnisse in der Praxis. Wir präsentieren zwei neuartige Ansätze zur Bewertung der Passeffektivität im Hochleistungsfußball durch Bewertung von Veränderungen in Überzahlsituationen vor dem Tor und Veränderungen in der Raumdominanz durch das Passverhalten. Die Überzahlsituationen werden beurteilt durch Berechnung der Anzahl von gegnerischen Spielern zwischen dem Ballhalter und dem Tor, wobei die Raumdominanz durch die Nutzung von Voronoi-Zellen bewertet wird. Die Anwendung beider Methoden an beispielhaften Datensätzen von zwölf Spielen der deutschen 1. Bundesliga zeigt, dass diese verschiedene Merkmale des Passverhalten erfassen. Die Ergebnisse zeigen weiter, dass durchschnittliche Pässe vom Mittelfeld in den Angriffsbereich effektiver sind als Pässe innerhalb des Angriffsbereiches. Die vorliegenden Ansätze liefern unmittelbare Werte für Praktiker, z. B. hinsichtlich taktischer Trainingsprogramme oder zur Analyse vorangegangener Spielleistungen.

Soviel zur Theorie, kommen wir zur Praxis. Die folgende Situation soll das Konzept der Raumkontrolle auf dem Platz verdeutlichen. Abb. 9.3 zeigt eine Spielsituation aus der Partie Werder Bremen gegen den 1. FC Köln vom neunten Spieltag der betrachteten Saison. In Abb. 9.4 ist die zweidimensionale Repräsentation der gleichen Spielsituation zu sehen, auf der zusätzlich das berechnete Voronoi-Diagramm eingezeichnet wurde. Das Standbild zeigt die Bremer (gelb) im Moment des Abspiels von Makiadi auf Bartels in Ballbesitz. Werder kontrolliert zu diesem Zeitpunkt bereits 31,5 % ihrer Angriffszone sowie 1,6 % des Kölner Strafraums. Mit dem Pass kann Bremen zusätzliche sechs beziehungsweise elf Prozentpunkte in Angriffszone und Strafraum hinzugewinnen.

Abb. 9.3 Situation aus der Begegnung zwischen Werder Bremen und dem 1. FC Köln. (© DFL)

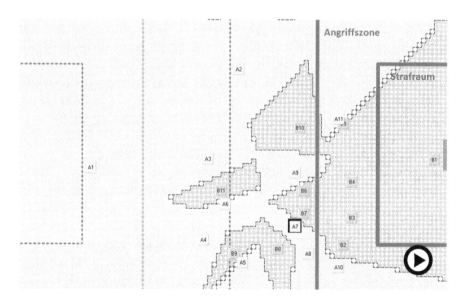

Abb. 9.4 Voronoi-Diagramm der gleichen Situation aus Abb. 9.3, in Rot eingezeichnet sind sowohl die Angriffszone als auch der gegnerische Strafraum aus Perspektive der Bremer. In dem Video wird verdeutlicht, wie man mithilfe von Positionsdaten Raumkontrolle messbar machen kann

Alles unter Kontrolle – zumindest ganz oben

Um nun zu untersuchen, ob es Differenzen zwischen gut und schlecht platzierten Mannschaften gibt, wurden alle gespielten Pässe beider Gruppen miteinander verglichen. Es stellte sich heraus, dass Topteams vor allem beim Passspiel in der Angriffszone auffällig größere Raumgewinne erzielen konnten. Besonders wenn der Ball innerhalb der Verteidigung oder dem Mittelfeld gespielt wurde und von der Abwehr ins Mittelfeld oder vom Mittelfeld in den Angriff nach vorne gepasst wurde, zeigte sich der Unterschied zu den Mannschaften aus dem Tabellenkeller deutlich.

Allerdings heißt das natürlich nicht, dass die Mannschaften bei ihrem Passspiel über die Hälfte der Angriffszone beherrschen. Stattdessen können sie beispielsweise bei einem Pass vom Mittelfeld in den Angriffsbereich im Schnitt größere Räume kontrollieren als die Abstiegskandidaten bei vergleichbaren Pässen.

Dieselbe Tendenz tritt auch im gegnerischen Strafraum auf. Hier kontrollieren Teams, die sich an der Tabellenspitze befinden, im Mittel mehr Raum bei Pässen in der Mittelfeldzone und Rückpässen von der Angriffs- in die Mittelfeldzone. Zudem können diese Teams durch Kombinationen im Mittelfeld effizienter Räume im Angriff gewinnen, die im Vergleich zu den Pässen der unterlegenen Teams im Durchschnitt größer sind.

Allgemein lässt sich festhalten, dass es die Topmannschaften erfolgreicher schaffen, Raumanteile in den kritischen Bereichen des Spielfeldes zu gewinnen und zu behalten. Wie wir gesehen haben, kann der Weg an die Spitze durchaus verschiedene Richtungen einschlagen. Alle diese Richtungen werden jedoch scheinbar stark durch charakteristische taktische Leistungen geprägt, nämlich ein effizientes Bespielen des Raumes.

Ein zentrales Thema in der Debatte um die erfolgversprechendste Art, Fußball zu spielen, ist immer wieder die Frage nach dem Ballbesitz. Auf taktischer Ebene können diese Erkenntnisse der Frage durchaus eine neue Dimension hinzufügen. Sie zeigen anschaulich, dass es neben Ballbesitz genauso wichtig ist, wie es eine Mannschaft versteht, mit den Räumen im Offensivspiel umzugehen – zumindest um über einen längeren Zeitraum erfolgreich Fußball zu spielen. Das ist natürlich leichter gesagt als getan. Den Gladbachern ist dieses Kunststück dennoch gelungen.

Literatur

Frick, B. (2005). … Und Geld schießt doch eben Tore …. *Sportwissenschaft, 35*, 250–270.

Heuer, A. (2012). *Der perfekte Tipp*. Weinheim: Wiley.

Memmert, D., Raabe, D., Knyazev, A., Franzen, A., Zekas, L., Rein, R., Perl, J., & Weber, H. (2016a). Big Data im Profi-Fußball Analyse von Positionsdaten der Fußball-Bundesliga mit neuen innovativen Key Performance Indikatoren. *Leistungssport, 46*(5), 1–13.

Memmert, D., Raabe, D., Knyazev, A., Franzen, A., Zekas, L., Rein, R., Perl, J., & Weber, H. (2016b). Innovative Leistungsindikatoren im Profifußball auf Basis von Positionsdaten. *Impulse, 2*, 14–21.

Memmert, D., Lemmink, K. A. P. M., & Sampaio, J. (2017). Current approaches to tactical performance analyses in soccer using position data. *Sports Medicine, 47*(1), 1–10. https://doi.org/10.1007/s40279-016-0562-5.

Rein, R., Raabe, D., & Memmert, D. (2017). „Which pass is better?" Novel approaches to assess passing effectiveness in elite soccer. *Human movement science, 55*, 172–181.

Voronoi, G. (1907). Nouvelles applications des parametres continus a la theorie des formes quadratiques. *Journal für Reine und Angewandte Mathematik, 133*, 97–178.

10

Der Schlüssel zum Sieg

Frische Erkenntnisse zur ältesten aller Fragen

Es ist eine der einfachsten und ältesten Fragen im Fußball und gleichzeitig die mit am schwierigsten zu beantwortende: Welche Mannschaft geht nach 90 min Rasenschach als Sieger unter die Dusche? Kurzum, wer gewinnt? Laut Gary Lineker die Deutschen. Laut Sportwissenschaft ist die Lösung nicht ganz so einfach, denn gerade die Schlichtheit der Frage macht eine Antwort so schwierig. Das Spiel als solches wird immer erfolgreicher in seine Einzelteile aufgegliedert, und taktische Aspekte werden zunehmend genauer bestimmt und gestaltet. Sobald alle Teile dieses Puzzles zusammengefügt werden, entsteht hingegen ein nur schwer zu durchschauendes Gesamtgebilde.

Bekanntlich leistet auch der Zufall seinen Beitrag zum Ausgang des Spiels, und schwerwiegende Fehler einzelner Spieler untergraben zudem jede genaueste Analyse. So enden Spiele immer wieder mit einem Sieg der auf dem Papier eigentlich unterlegenen Mannschaft, und das analytisch gesehen überlegene Team geht als Verlierer vom Platz. Dass dies auch Mannschaften auf dem Höhenflug passiert, zeigt erneut das Beispiel Gladbachs. Beim Gastspiel auf Schalke, wir schreiben den 27. Spieltag der Saison 15/16, musste sich die Borussia aufgrund eines Slapstick-Eigentores, eines abgefälschten Schusses und den Paraden von Schalkes Keeper Fährmann trotz drückender Überlegenheit schlussendlich geschlagen geben (Abb. 10.1).

Elektronisches Zusatzmaterial Die Online-Version dieses Kapitels (https://doi.org/10.1007/978-3-662-59218-2_10) enthält Zusatzmaterial, das für autorisierte Nutzer zugänglich ist.

Abb. 10.1 Leroy Sané gegen Granit Xhaka beim Gladbacher Gastspiel auf Schalke am 27. Spieltag der Saison 2015/16. (© Laci Perenyi/picture alliance)

Beispiele wie dieses gibt es viele, doch eines der denkwürdigsten in der jüngeren Geschichte ereignete sich am 7. November 2012 in Glasgow. Der scheinbar übermächtige FC Barcelona war im Zuge der Champions-League-Gruppenphase zu Gast im Celtic Park und dominierte die Heimelf offenbar nach Belieben (Abb. 10.2). Die Katalanen feuerten 25 zu 5 Torschüsse ab, dazu gesellten sich ganze 84 % Ballbesitz. Nur 45 Pässe fehlten am Ende, um die Tausendermarke zu knacken, zusammen mit einer Passquote von 91 % ein überragender Wert. Zum Vergleich: Celtic schaffte es in der gleichen Zeit gerade einmal, 166 Mal den Ball an den eigenen Mann zu bringen, 38 % aller Passversuche verfehlten das Ziel. Ein ungefährdetes 3:0 aus Sicht der Blaugrana also? Weit gefehlt!

Celtic bezwang den scheinbar übermächtigen Gegner mit 2:1, dabei konnte Barcelona in Form von Lionel Messi erst in der Nachspielzeit (90 + 1′) den Anschlusstreffer erzielen. Die Sensation war perfekt, David hatte den enorm überlegenen Goliath in die Knie gezwungen.

Während dieses Extrembeispiel sicher nicht die ganze Geschichte über mittlerweile weit verbreitete Spielstatistiken wie Passquote, Ballbesitz oder Zweikampfquote erzählt, stellt sich dennoch die Frage, welche Leistungsindikatoren letztlich den Spielausgang beeinflussen. Seit Längerem sind

Abb. 10.2   Ungleiche Vorzeichen: Der FC Barcelona zu Gast im Celtic Park, 2012. (© Lynne Cameron/PA Wire/empics/picture alliance)

Wissenschaftler auf der Suche nach den typischen Charakteristika der Spielweise erfolgreicher Teams. Doch im Fußball fallen bekanntlich nur wenige Tore, besonders im Vergleich zu anderen Sportarten. Im Extremfall entscheidet bei Abpfiff nur ein einziger Treffer über Sieg oder Niederlage. Vorausgesetzt, er fällt überhaupt.

In der Praxis ist dies eine große Hürde, wenn man versucht, die spielerischen Leistungen mit dem Ergebnis in Verbindung zu setzen. Eine Lösung dieser Problematik liegt in der Verwendung enorm großer Stichproben, wie sie in der besprochenen Studie (Memmert et al. 2016a, b) vorliegen. Denn wenn man die Daten von Gewinnern und Verlierern in einer ausreichend großen Stichprobe vergleicht, treten die Verzerrungen einzelner Spiele zunehmend in den Hintergrund. Die eigentlichen Unterschiede in den Leistungen kommen dann zum Vorschein.

In der Praxis zeichneten sich jedoch nur wenige Merkmale ab, in welchen die schwächeren Mannschaften ihren überlegenen Gegnern nachstehen. Eine Analyse mehrerer Fußballweltmeisterschaften kam zu dem Ergebnis, dass allein die Quantität von Schüssen auf das gegnerische Tor verlässlich siegreiche und schwächere Teams differenzieren kann (Castellano et al. 2012). Zu einer ähnlichen Erkenntnis führten auch die Analysen aus der spanischen

Liga von Lago-Penas et al. (2010) – ein erstes Indiz, aber nicht besonders aufschlussreich. Es scheint außerdem so, als bestünde zwischen Zweikampfquote, Laufleistung oder der Anzahl von Eckbällen und dem Endstand kein direkter Zusammenhang.

Passen wie Özil

Unbekannt ist jedoch, ob, und falls ja, wie sich die Teams hinsichtlich fortgeschrittener Key-Performance-Indikatoren voneinander abheben. Deshalb wurden in der genannten Studie die Performancedaten von Siegern und Verlierern einander im Hinblick auf die neu konzipierten KPIs gegenübergestellt. Dabei kam heraus, dass vor allem in einem Leistungsindikator große Unterschiede auftraten. Denn neben umfassenden Berechnungen, wie beispielsweise der Untersuchung von Laufwegen, ist es zudem möglich, mit den Positionsdaten der Spieler sehr schnell die Anzahl der Spieler zu berechnen, die die Angriffsmannschaft zu einem bestimmten Zeitpunkt noch verteidigen bzw. abwehren können.

So erhält man neben einem Maß für die mittlere Zahl an verteidigenden Spielern ebenfalls eine Angabe, wie viele Gegenspieler eines Teams mit ihren Pässen überspielt werden. Auch in der Trainingslehre werden Pässen, welche viele Verteidiger aus dem Spiel nehmen, eine enorme Bedeutung zugesprochen. Viele Trainer betrachten Vertikalbälle aktuell als optimale Lösung, um den Ball schnell in torgefährliche Räume zu transportieren. Spielertypen wie Mesut Özil und ihre tödlichen Pässe sind also gefragter denn je.

In der Praxis sind Positionsdaten die ideale Ausgangslage, um Vertikalpässe zu analysieren. In nur wenigen Augenblicken liegen die berechneten Informationen zu überspielten Gegenspielern und restlichen Verteidigern vor. Besonders Erstere werden allgemein als Gütekriterium guter Pässe anerkannt und bilden weiterhin die Basis für weiterführende Berechnungen wie beispielsweise die Druckeffizienz (vgl. Kap. 16 und 17). Aber auch der Kontext ist spannend: Wie viele Verteidiger hat eine Mannschaft noch hinter dem Ball, wenn der Gegner einen Schnittstellenball spielt?

Neben der voll automatisierten Beantwortungen dieser Fragen haben die Positionsdaten jedoch noch einen weiteren Trumpf in der Tasche: Objektivität. Stellen Sie sich einmal vor, Jerome Boateng oder Mats Hummels schlagen einen ihrer berühmten langen Bälle hinter die gegnerische Abwehrreihe. Mit ihrer gefürchteten Spieleröffnung aus der Abwehrzentrale nehmen sie gewöhnlich enorm viele Gegenspieler aus dem Spiel.

Aber was ist zum Beispiel mit dem Flügelspieler auf der ballfernen Seite? Natürlich stand er während des Zuspiels noch zwischen Innenverteidiger und Passempfänger. Aber hätte er überhaupt eingreifen können, selbst wenn sich die Mannschaft flach durchs Zentrum kombiniert hätte? Darf er gezählt werden oder ist er in der gezeichneten Situation lediglich Statist? Ein Ausweg aus der Situation wäre die Fokussierung auf die Verteidiger, doch auch hier öffnen sich Problematiken. Was ist mit den defensiven Mittelfeldspielern einer tief stehenden Mannschaft? Und wer zählt eigentlich als Verteidiger, sollten einzelne Spieler situationsbedingt einmal ihre Rolle getauscht haben?

Auch hier ist es wieder die Geometrie, welche Abhilfe schafft. Denn in einer automatisierten Berechnung muss formal definiert werden, welcher Gegenspieler in einer bestimmten Situation überhaupt noch verteidigen kann. In der betrachteten Studie wurden zwei verschiedene Definitionen getestet. Zum einen – die einfachste Variante – trennte eine imaginäre Linie parallel zur Grundlinie Passgeber und gegnerisches Tor. Alles hinter dieser Linie zählte zu den Spielern, die noch verteidigen können. In einer zweiten Variante wurde indes ein Kreis statt einer Linie gewählt, um Spieler in der Peripherie des Feldes auszuklammern. Viele weitere Möglichkeiten sind darüber hinaus denkbar, und mit der Zeit wird sich die ideale Formulierung dieser Regel herausstellen. Auch sie wird sich nicht in allen Situationen mit der Expertenmeinung decken. Dennoch, sie wird immer gleich entscheiden. Etwaige Ungenauigkeiten durch subjektive Einschätzungen gehören dann der Vergangenheit an.

Die Spieleröffnung macht den Unterschied

Kommen wir zurück zur Ausgangsfrage. Es hat sich herausgestellt, dass sich bei dem erklärten Modell der überspielten Gegenspieler in statistischen Verfahren signifikante Unterschiede zwischen den ersten und zweiten Siegern einer Halbzeit feststellen lassen. Stellt man die gegnerischen Spieler, die während eines Passes noch verteidigen können, in den Fokus der Betrachtung, lässt sich erkennen, dass die Gewinnermannschaften bei allen Zuspielen zwischen und innerhalb ihrer Verteidigung und dem Mittelfeld mit einer geringeren Zahl an gegnerischen Spielern konfrontiert sind (Abb. 10.3).

Im Durchschnitt stehen die Gewinnermannschaften bei allen Pässen bis zur Angriffszone weniger gegnerischen Spielern gegenüber, was ein elementarer Feldvorteil ist. Daneben gibt es noch zwei zusätzliche Unterschiede: Einerseits überspielen die schwächeren Mannschaften bei Pässen aus der Abwehr

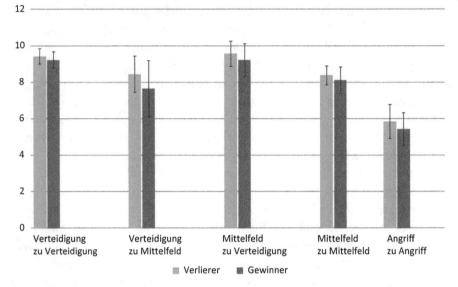

Abb. 10.3 Durchschnittliche Anzahl der Gegenspieler, welche den Gewinner- und Verlierermannschaften bei ihren jeweiligen Pässen zwischen und innerhalb der verschiedenen Zonen noch gegenüberstehen

ins Mittelfeld signifikant weniger Gegenspieler, andererseits sind sie bei Zuspielen in der Angriffszone im Mittel einer größeren Zahl an Verteidigern gegenübergestellt. Die Siegerteams können daher bei Angriffen der Gegner nicht nur mehr Spieler hinter den Ball bekommen, sondern können schon im Spielaufbau mehr gegnerische Spieler überspielen (Abb. 10.4).

Interessanterweise ist es diese vergleichsweise einfache Berechnung, die bei der entscheidenden Frage nach Triumph oder Niederlage Licht ins Dunkel bringen könnte. Sie bestätigt außerdem die Expertenmeinung hinsichtlich der Wichtigkeit eines effizienten Vertikalspiels. Die Bedeutung von Schnittstellenpässen wird weiterhin durch die Ergebnisse aus der Infobox „Forschungsprojekt: Vertikalpässe zum Raumgewinn" in Kap. 9 unterstrichen, nach denen Pässe in die Spitze die meisten Raumgewinne mit sich bringen. Ob sich Fraser Forster dessen auch bewusst war, als er in der 83. Minute mit seinem Abschlag alle zehn Feldspieler des FC Barcelona überspielte und Tony Watt den Ball trocken zum 2:0 verwandelte? Wohl kaum. Den Fans von Celtic Glasgow dürfte dies an jenem Novemberabend jedoch reichlich egal gewesen sein.

Künftig werden wir genau festhalten können, wie gut eine Mannschaft gegnerische Abwehrreihen aus dem Spiel nimmt oder wichtige Räume in der Vorwärtsbewegung erschließt. Mit wissenschaftlich validierten Key-Performance-Indikatoren wird es möglich sein, die auf jahrelanger Erfahrung

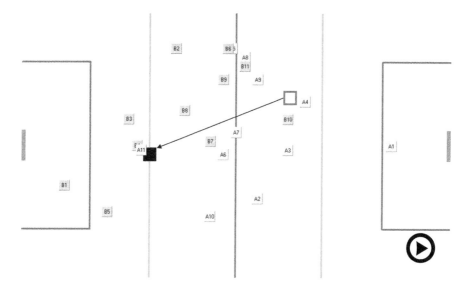

Abb. 10.4 Schematische Darstellung eines Passes von Spieler A4 zu A11 (gelb), der in einem Moment dazu führt, dass sechs Gegenspieler (blau) überspielt werden. Das Video zeigt, wie man Pässe hinsichtlich ihrer Qualität und Effizienz bewerten kann

beruhende Expertise von Trainern in Zahlen zu fassen, zu vergleichen und neu zu bewerten. In Sachen Spielanalyse kann so ein nie gekanntes Maß an Tiefe erreicht werden. Gehen wir also einen Schritt weiter, und vertiefen wir unsere Überlegungen.

Literatur

Castellano, J., Casamichana, D., & Lago, C. (2012). The use of match statistics that discriminate between successful and unsuccessful soccer teams. *Journal of Human Kinetics, 31*, 139–147.

Lago-Penas, C., Lago-Ballesteros, J., Dellal, A., & Gomez, M. (2010). Game-related statistics that discriminated winning, drawing and losing teams from the Spanish soccer league. *Journal of Sports Science and Medicine, 9*, 288–293.

Memmert, D., Raabe, D., Knyazev, A., Franzen, A., Zekas, L., Rein, R., ... Weber, H. (2016a). Big Data im Profi-Fußball. Analyse von Positionsdaten der Fußball-Bundesliga mit neuen innovativen Key Performance Indikatoren. *Leistungssport, 46*(5), 1–13.

Memmert, D., Raabe, D., Knyazev, A., Franzen, A., Zekas, L., Rein, R., Weber, H., et. al (2016b). Innovative Leistungsindikatoren im Profifußball auf Basis von Positionsdaten. *Impulse, 2*, 14–21.

11

Spanische Verhältnisse

Gigantengipfel in Wembley

Nur einen Tag vor Celtics Sensationssieg gegen Barcelona, gut 1700 km weiter südlich: Im Estadio Santiago Bernabéu empfängt Barcas ewiger Konkurrent Real Madrid den damaligen deutschen Meister Borussia Dortmund. Die Schwarz-Gelben führen lange mit 2:1, ehe Mesut Özil in den Schlussminuten beweist, dass er mit seinem Zauberfuß neben tödlichen Pässen auch direkte Freistöße treten kann. Mit dem Ausgleich rettet er dem Team um Trainer José Mourinho immerhin einen Punkt. Aber selbst bei einer Niederlage wäre die Schmach deutlich geringer ausgefallen als 24 h später in Glasgow. Denn Borussia Dortmund war anno 2013 längst zu einer Mannschaft von internationalem Format herangereift. Die Mannschaft von Jürgen Klopp spielte begeisternden Fußball, was schließlich auch die Königlichen erfahren mussten, als sie im zweiten Aufeinandertreffen im Halbfinale den Kürzeren zogen.

Die Dortmunder Erfolgsstory begann bereits zwei Jahre zuvor, in der Saison 2010/2011, als man nur gute sechs Jahre nach der Fast-Insolvenz mit einer enorm jungen Mannschaft sensationell die deutsche Meisterschaft gewann. Auch in der folgenden Saison dominierte der BVB die Liga scheinbar nach Belieben und sicherte sich am Ende das erste Double der Vereinsgeschichte. In den Jahren darauf entwickelte sich der Kampf um die Meisterschaft in der Bundesliga vornehmlich zu einem Duell zwischen dem BVB und dem FC Bayern und forcierte darüber hinaus eine Rivalität beider Vereine, welche im Wembley-Stadion 2013 ihren vorläufigen Höhepunkt fand (Abb. 11.1). Bayern hatte im Halbfinale zuvor Barcelona souverän

© Springer-Verlag GmbH Deutschland, ein Teil von Springer Nature 2019
D. Memmert, D. Raabe, *Revolution im Profifußball*,
https://doi.org/10.1007/978-3-662-59218-2_11

Abb. 11.1 Bundesligaduell in Wembley: Dortmund und München im Finale der Champions League 2013. (© Christina Pahnke/sampics/picture alliance)

niedergerungen, und nach Dortmunds erwähntem Triumph über Madrid war das Traumfinale perfekt. Nie zuvor standen sich zwei deutsche Mannschaften in einem Finale der UEFA Champions League gegenüber.

Im nationalen Geschäft beklagten Zuschauer wie Funktionäre gleichermaßen bereits damals die enorme Einseitigkeit im Meisterkampf. Die Rede war von „spanischen Verhältnissen" in Anspielung an die Situation in Spanien, wo die Mannschaften von Real Madrid und dem FC Barcelona für gewöhnlich den ersten Platz unter sich ausmachten. Mit dem Gewinn des Triple unter Jupp Heynckes und den darauffolgenden Erfolgen der Bayern unter Pep Guardiola nahm die Spannung an der Spitze der Tabelle noch weiter ab, denn auch Dortmund konnte dem Rekordmeister bald das Wasser nicht mehr reichen.

Aber nicht nur in Deutschland oder Spanien gibt es Teams, welche unangefochten die Liga dominieren. In Frankreichs Ligue 1 wäre da zum Beispiel Paris Saint-Germain, an die seit einigen Jahren kein Team mehr herankommt. In Italien hingegen hat Juventus Turin in den letzten Jahren den Titel abonniert. Für den Zuschauer mögen diese Serien aus ungefährdeten Triumphen auf Dauer langweilig erscheinen. Doch es lohnt sich, genauer hinzuschauen, denn hinter den scheinbar mühelosen Siegen verbirgt sich oft eine taktisch enorm starke Leistung.

Um die Ursachen für diese zu finden, dient die Fortführung des Vergleichs des vorangegangenen Kapitels, indem eine individuelle Betrachtung jener

Spiele erfolgt, in denen eine der zwei Mannschaften deutlich (d. h., mehr als zwei Tore Abstand) als Sieger hervorging. So können einerseits unverdiente wie glückliche Siege weitestgehend außer Acht gelassen werden, und andererseits können die übrigen Spiele eine noch bessere Basis für die Untersuchung der Unterschiede zwischen Sieger- und Verliererteams liefern.

Dabei sind die Ausdrücke „deutlich" oder „ungefährdet" allerdings sehr subjektiv und müssen in gewisser Weise definiert werden. Deshalb gilt für die Folgeanalysen, dass alle Halbzeiten mit einer Führung von zwei oder mehr Toren als deutlicher Sieg betrachtet werden, damit der Umfang der Stichprobe nicht zu gering wird.

Wer hoch gewinnt, macht vieles richtig

Im Gegensatz zum vorangegangenen Kapitel wird nun nicht die Anzahl an überspielten Gegenspielern als Hauptverschiedenheit der beiden Gruppen angesehen, sondern es ist die Vermischung unterschiedlicher Faktoren, die für die Gewinnerteams sprechen. Diese weisen vor allem bei Zuspielen von der Abwehr ins Mittelfeld, das heißt bei der Spieleröffnung, eine große Überlegenheit auf: Bei diesen Pässen werden nicht nur mehr gegnerische Spieler vom Gewinnerteam überspielt (entsprechend der Ergebnisse von Kap. 9 und 10), sondern die Sieger beherrschen bereits größere Räume in der Angriffszone. Mit den Zuspielen in diesem Bereich können zudem größere Raumgewinne verbucht werden. Darüber hinaus wird die Überlegenheit bei Pässen im Angriff deutlich. So können die vermeintlich überlegenen Mannschaften mit ihren Pässen sowohl in der Angriffszone als auch im gegnerischen Strafraum größere Räume erobern.

Darüber hinaus schaffen es die siegreichen Teams, sich nach Ballverlust schneller zu sortieren. Dieses Phänomen lässt sich an einem weiteren der verwendeten Key-Performance-Indikatoren festmachen, der sogenannten Pressinggeschwindigkeit. Mit dieser Berechnung wird das defensive Umschaltverhalten einer Mannschaft erfasst: Wie schnell schaffen es die Spieler, den Raum um den ballführenden Gegenspieler zu verdichten?

Maßgeblich ist dabei die mittlere Geschwindigkeit aller sich nah am Ball befindenden Spieler. Zu je zwei verschiedenen Zeitpunkten t1 und t2, drei Sekunden nach Ballverlust sowie nachdem der Ball eine bestimmte Distanz zurückgelegt hat, wird gemessen (vgl. Abb. 11.2a–d). So soll neben dem zeitlichen auch der räumliche Aspekt des Umschaltprozesses berücksichtigt werden. Die siegreichen Teams überzeugen in der Analyse vor allem zum

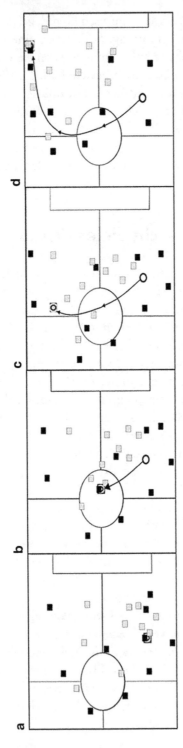

Abb. 11.2 a–d Eine dynamische Prozessanalyse mit einer präzisen Zeitpunktauswahl als Messung der Pressinggeschwindigkeit im Fußball. Der Ball (als Kreis im Quadrat) und der Weg des Balles sind dargestellt. (a) Team A (schwarze Quadrate) verliert den Ball, und alle Spieler von Team A versuchen, den Ball so schnell wie möglich vom Team B (graue Quadrate) zurückzuerlangen (b–d). Die Prozessgeschwindigkeit (in m/s) wird berechnet, um zu zeigen, wie schnell sich jeder Spieler von jeder Mannschaft zum Ball bewegt; diese kann im Sinne der Teamleistung für die Variable „Pressinggeschwindigkeit" als Durchschnitt ermittelt werden

Zeitpunkt t1. Konkret bedeutet das, dass sie im Vergleich zu den ihnen unterlegenen Teams nach Ballverlust deutlich schneller verdichten.

Zusammenfassend lässt sich sagen, dass Teams, welche mit einem Zwei-Tore-Abstand als Sieger vom Platz gehen, besonders durch ihre effektiven Pässe ins Mittelfeld, die hohen Raumgewinne bei Pässen im Angriff und ein besseres Umschaltverhalten in der Defensive aufgefallen sind (Abb. 11.3). Besonders im Hinblick auf die überspielten Gegenspieler lässt sich zusammen mit den Ergebnissen aus den vorherigen Kapiteln eine erstaunliche Systematik erkennen: Die deutliche Prävalenz von Siegerteams im Positionsspiel reicht über alle Pässe, unabhängig der Herkunft und Ankunft des Passes. Die auf überspielten und noch zu überspielenden Gegenspielern basierenden Key-Performance-Indikatoren könnten sich als wichtige Faktoren für Sieg oder Niederlage herausstellen.

Um einen Kantersieg herauszufahren, muss also einiges zusammenkommen. Gutes Umschaltverhalten in der Defensive, effektives Vertikalspiel im Spielaufbau und raumöffnende Pässe im Angriff. Was auf dem Papier nach einer taktischen Glanzleistung klingt, ist in der Praxis umso schwerer umzusetzen. Dennoch schaffen es Mannschaften wie Bayern oder Dortmund, diese Vorgaben beinahe Spiel für Spiel umzusetzen – eine enorm starke Leistung, auch wenn so manches Spiel für den Zuschauer wie ein Testkick anmutet.

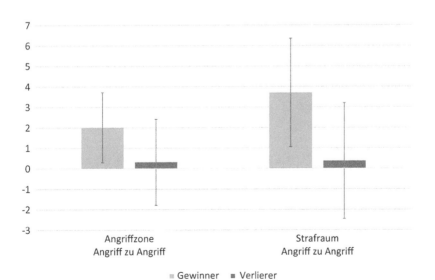

Abb. 11.3 Die mit zwei Toren Abstand siegreichen Mannschaften haben in der gegnerischen 30-Meter-Zone und auch im gegnerischen Strafraum deutlich höhere Raumgewinne bei Pässen im Angriff als die unterlegene Mannschaft

Wie wir gesehen haben, öffnen uns Positionsdaten völlig neue Möglich-keiten, diese Leistungen objektiv zu beschreiben. Sie helfen uns, Antworten auf die grundlegendsten Fragen des Spiels zu finden und unser Verständnis von taktischen Leistungen zu schärfen. Doch wie schlagen sich die neuen Methoden in kleinerem Rahmen? Können sie uns auch bei einzelnen Spielen von Vorteil sein? Finden wir es heraus!

12

UEFA Champions League FCB gegen FCB

Duell in der Königsklasse

In der Triple-Saison schlug Bayern München den FC Barcelona im Halbfinale der Champions League mit insgesamt 7:0, rechnet man die Ergebnisse aus Hin- und Rückspiel zusammen. Nicht immer in den Begegnungen mit den Katalanen war das Momentum so klar aufseiten der Münchner wie in diesen beiden Partien. Viele der Duelle zwischen FCB und FCB gestalteten sich deutlich ausgeglichener, in einigen dominierte die Mannschaft aus Barcelona: eines davon datiert auf das Jahr 2009, als sich die beiden Fußballschwergewichte, diesmal im Viertelfinale der Champions League, gegenüberstanden (Abb. 12.1).

Nach einer 0:4-Niederlage im Hinspiel stand die Mannschaft von Bayern-Trainer Jürgen Klinsmann bereits mit dem Rücken zur Wand. Die neu formierte Defensive des deutschen Rekordmeisters hatte besonders in der ersten Halbzeit große Probleme mit dem Sturmtrio bestehend aus Thierry Henry, Samuel Eto'o und Lionel Messi. Am Ende musste man sich deutlich geschlagen geben und befand sich vor dem Rückspiel in München in einer enorm schwierigen Situation. Die Aussichten auf ein Weiterkommen waren auf Minimalgröße geschrumpft.

Pep Guardiola, damals Trainer der Katalanen, warnte jedoch vor dem vermeintlichen Selbstläufer:

> Wir stehen mit einem Bein im Halbfinale, aber wir nehmen die Bayern sehr ernst. Wir haben kein Recht zu glauben, dass wir schon durch wären, nur weil wir das Hinspiel gewonnen haben. Wir haben einen schönen Vorteil, aber im Sport kann alles passieren.

© Springer-Verlag GmbH Deutschland, ein Teil von Springer Nature 2019
D. Memmert, D. Raabe, *Revolution im Profifußball*,
https://doi.org/10.1007/978-3-662-59218-2_12

Abb. 12.1 Viertelfinale der Champions League 2008/2009, FC Bayern München gegen den FC Barcelona (1:1), 2009. (© Andreas Gebert/dpa/picture alliance)

Bayern-Trainer Klinsmann versuchte indes, alle Kräfte zu mobilisieren:

> Es wäre unrealistisch, zu behaupten, dass wir es noch schaffen werden, aber wir werden alles versuchen, um dieses Rückspiel zu gewinnen. In Barcelona haben wir zu viel Respekt gezeigt; einige meiner Spieler wirkten schlicht überwältigt.

Ein Lichtblick für die Münchner war die Rückkehr der beiden schmerzlich vermissten Spieler Lúcio und Philipp Lahm, welche der wackligen Defensive zu alter Stärke verhelfen sollte. Torjäger Miroslav Klose sowie Bastian Schweinsteiger konnten ihrem Team bei der anstehenden Mammutaufgabe hingegen nicht helfen, beide fielen verletzungsbedingt aus. Klinsmann gab sich dennoch kämpferisch:

> Wir alle haben jetzt eine größere Stabilität und größeres Selbstvertrauen. Wir wollen atemberaubenden Fußball zeigen und uns würdig aus der Champions League verabschieden.

Über ein 1:1-Unentschieden kam der FC Bayern beim späteren Sieger des Wettbewerbs letztlich nicht hinaus. Dieses Champions-League-Duell soll uns dennoch als Grundlage dienen, im Folgenden eine taktische Einzelspielanalyse auf Basis von Positionsdaten vorzustellen, wie sie in Zukunft ablaufen könnte. Bereits heute wäre es möglich, diese Analyse online während des Spiels umzusetzen.

Die technologischen Voraussetzungen sind mittlerweile gegeben, für eine Reihe von taktischen Leistungsfaktoren subjektive Bewertungen durch sportinformatische Analysefahren zu ersetzen oder zumindest damit zu ergänzen. Mithilfe von Positionsdaten können Analysen in nur wenigen Sekunden durchgeführt werden, im Idealfall in Echtzeit.

Wie könnte so eine Schematisierung aussehen? Der Grundgedanke ist, dass die von der Arbeitsgruppe von Jürgen Perl und Daniel Memmert (Grunz et al. 2009, 2012; Memmert und Perl 2006, 2009a, b; Perl et al. 2013; Perl und Memmert 2011, 2012) entwickelten neuronalen Netze es ermöglichen, Spielszenen aus einem Spiel oder aus verschiedenen Spielen miteinander zu vergleichen. So lässt sich herausfinden, in welchen Konstellationen Spieler auf dem Platz typischerweise standen und zu welchen Resultaten sie jeweils führten. Zum Beispiel sollen alle Realisierungen eines kurzen Spielaufbaus durch ein Neuronencluster „kurzer Spielaufbau" erkannt werden.

Der Vorteil gegenüber bisherigen Verfahren ist dabei, dass die Identifikation einzelner Spielsequenzen aus Fußballspielen nicht mehr manuell durchgeführt werden muss (konventionelle Analyse), sondern von neuronalen Netze automatisiert und quasi in Echtzeit durchgeführt werden kann. Dies ermöglicht, umfangreiche Datenmengen innerhalb weniger Minuten nach Unterschieden und Gemeinsamkeiten zu klassifizieren (vgl. Abb. 12.2).

Ein wesentlicher Aspekt der Beurteilung taktischen Verhaltens von Mannschaften ist die Interaktion spezifischer taktischer Gruppen, wie etwa Angriff und Verteidigung. Das Problem dabei ist, dass trotz der Verfügbarkeit der Positionsdaten gerade wegen der oben bereits angesprochenen immensen Datenumfänge eine Analyse, etwa der taktischen Bewegungen von Spielerkonstellationen, mit konventionellen Methoden kaum durchführbar ist. Hier

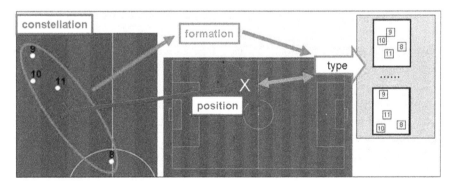

Abb. 12.2 Netzbasierte Erkennung von Formationstypen und die Rekombination mit Positions- und Zeitinformationen. (Perl und Memmert 2011)

liefern die Fähigkeiten neuronaler Netze, Muster zu erkennen, wesentliche neue Möglichkeiten, wie sie in Abb. 12.2 angedeutet sind. Konstellationen können von ihrer Position auf dem Spielfeld getrennt und so als charakteristische Formationen vom Netz gelernt werden. Dies ermöglicht, Häufigkeitsverteilungen typischer Formationen zu bestimmen und damit auch zeitliche Verläufe taktischer Mannschaftsinteraktionen zu erkennen.

Zur Validierung der trainierten neuronalen Netze wurden die aus der traditionellen Spielanalyse ("Goldstandard") einerseits und die aus der netzgestützten, Positionsdaten-basierten Vorgehensweise erzielten Ergebnisse andererseits miteinander verglichen. In ersten Studien zeigte sich (Grunz et al. 2012), dass fast 90 % der durch die traditionelle Spielanalyse erkannten Spielereignisse durch die neuronalen Netze hinsichtlich verschiedener Gruppentaktiken wie Spieleröffnung, Standardsituationen (weiter ausdifferenziert in Einwurf, Freistoß und Eckstoß) und Torabschluss erkannt wurden.

Bis heute fanden weitere Optimierungsschritte statt, bei denen Übereinstimmungsraten von über 95 % erzielt wurden. Bedenkt man, dass gerade bei schwer zu definierenden Taktiken, wie unter anderem die Spieleröffnung, auch Experten nur eine Übereinstimmung von durchschnittlich 80 % haben, wird die Bedeutung von computergestützten Analyseverfahren deutlich.

Kommen wir zum angesprochenen Duell zwischen dem FC Bayern München und dem FC Barcelona zurück. Auf der Basis der aufbereiteten Positionsdaten kann automatisch ein Spielprotokoll erstellt werden, in dem sekundengenau die Spieler-Ball-Beziehungen aufgelistet sind: Ballkontakte, -gewinne, -annahmen, -besitze, -abgaben, -verluste. Die Protokolleinträge können nun für verschiedene Analysen genutzt werden. Beispielsweise können Analysen für Spieler, für taktische Gruppen oder für die gesamte Mannschaft bereitgestellt werden. Zudem können Analysen für bestimmte Rasterfelder oder kritische Bereiche (z. B. den 16 m Raum) bezüglich der Häufigkeiten zu jedem Zeitpunkt und jeder Zeitdauer (z. B. 1./2. Halbzeit) ausgegeben werden.

Trivialerweise kann man direkt das Tiki-Taka von Barcelona erkennen (Abb. 12.3). Barcelona spielt fast doppelt so viele Pässe mit einer Distanz unter 10 m und zwischen 10 und 30 m wie der FC Bayern München. Zudem spielt Barcelona auch fast doppelt so viele Pässe nach hinten wie der FCB, auch und gerade im Angriffsbereich.

Im Folgenden werden ausgewählte KPIs zum Spiel mit einer dynamischen Positionsanalyse auf der Basis von neuronalen Netzen dargestellt.

	Spiel-eröffnung <10 m	Spieleröffnungen zwischen 10–30 m	Spiel-eröffnung >30 m	Zusammen
Bayern München	65	46	8	119
FC Barcelona	119	97	8	224

München Pässe n. v. = 61	D	M	O
Defensive	9	8	0
Mittelfeld	0	37	4
Offensive	0	0	3

München Pässe n. h. = 58	D	M	O
Defensive	16	0	0
Mittelfeld	6	29	0
Offensive	0	2	5

Barcelona Pässe n. v. =107	D	M	O
Defensive	8	14	0
Mittelfeld	0	64	5
Offensive	0	0	20

Barcelona Pässe n. h. = 117	D	M	O
Defensive	13	0	0
Mittelfeld	18	73	0
Offensive	0	5	13

Abb. 12.3 Statistische Werte zum Passspiel von Bayern München und Barcelona. Im oberen Bereich sind alle Pässe dargestellt, unterteilt nach Passdistanz. Im unteren Bereich sind die Pässe nach vorne (n. v.) und nach hinten (n. h.) in Abhängigkeit des Aktionsbereichs aufgeführt

Interaktionsanalyse

Die Positionsdaten enthalten Informationen über die räumlich-zeitlichen Konstellationen von Spielern auf dem Spielfeld. Mit dem Ansatz der neuronalen Netze stellt jedes Neuron einen Typ einer solchen Konstellation dar, und der Verbund, der dieses Neuron enthält, stellt eine Zusammenstellung solcher Varianten dieses Typs dar. Um diese Methode für die Analyse der taktischen Prozesse im Fußball zu verwenden, ist es hilfreich, die Konstellationen auf jene von taktischen Gruppen, wie Angriff oder Abwehr, zu beschränken, welche eine kleinere Anzahl an Spielern haben, und sie somit von ihrem Standort auf dem Spielfeld zu trennen (Perl et al. 2013). Auf diese Weise wird die Konstellation auf nur eine temporäre Konstellation reduziert, während die Positionsinformationen (beispielsweise der Mittelwert der Positionen der Spieler, auch „Zentroid" genannt) separat für weitere Analysen aufbewahrt werden. Die zeitlichen Reihen dieser taktischen Konstellationen stellen den Spielprozess dar und ermöglichen verschiedene Arten der Prozessanalyse, von denen zwei in den folgenden Beispielen kurz vorgestellt werden.

Die Häufigkeiten der Konstellationen und ihre Interaktionen können gemessen werden, und dadurch können sie Informationen darüber liefern, welche Konstellationen von welchem Team bevorzugt werden und welche taktischen Konzepte durch diese Aufstellungen dargestellt werden (Grunz et al. 2012, Abb. 12.4).

Außerdem können die taktischen Antworten von beispielsweise der Abwehr der einen Mannschaft gegen die Angriffsaktivitäten des anderen Teams analysiert und gemessen werden (Abb. 12.5 und 12.6). Wenn schließlich die Bedeutung von „Erfolg" definiert wird, kann der Erfolg von Handlungen und Interaktionen im Wettstreit der Konstellationen gemessen werden – oder kann wiederum, wie im Folgenden skizziert, helfen, eine spezifische Konstellation nach ihrem Erfolg zu charakterisieren. Zum Beispiel ist die Aufstellung von Team A (FC Bayern München) (Abb. 12.6 und 12.7) am erfolgreichsten, wenn sie im defensiven Schema gegen die häufigsten Aufstellungen von Team B (FC Barcelona) interagiert.

Kommen wir vom neuronalen Netzansatz zurück zu unserem Champions-League-Spiel. Bayern hatte sich einiges vorgenommen, und das merkte man von Beginn an. Nach nur sechs Minuten erspielten sie sich ihre erste Torchance. Nach einer weiteren Chance der Bayern kamen die Katalanen besser ins Spiel und wurden stärker. Auffällig war, dass Bayern in der Defensive sehr kompakt stand, jedoch etwas zu große Abstände zwischen Innen- und Außenverteidigern hatten (vgl. Abb. 12.7). Die Kompaktheit kam auch dadurch zustande, dass der Abstand zwischen Innenverteidiger und van Bommel sehr klein war. Zé Roberto spielte den offensiveren Sechser, stand aber insgesamt zu weit von der Viererkette und van Bommel entfernt, sodass kaum Unterstützung für zweite Bälle gegeben wurde und beim Überspielen ein großes Loch zwischen Innenverteidiger und defensivem Mittelfeld entstand (Abb. 12.8).

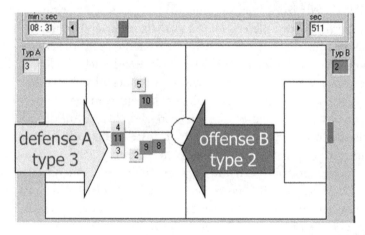

Abb. 12.4 Zwei häufig auftretende taktische Muster in einem realen Spiel. Team A spielt gegen den Ball, Team B mit dem Ball

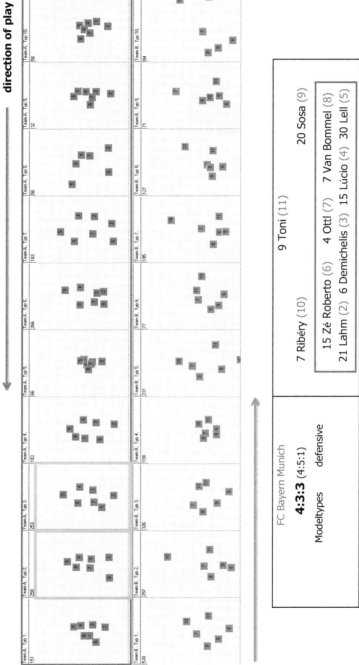

Abb. 12.5 Taktische Defensivmuster des FC Bayern (in rot) gegen Offensivkonstellationen des FC Barcelona (in blau) in der ersten Halbzeit

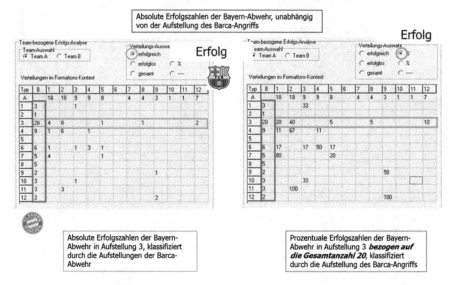

Abb. 12.6 Darstellung der Grundmatrix des Teamerfolgs im Interaktionskontext

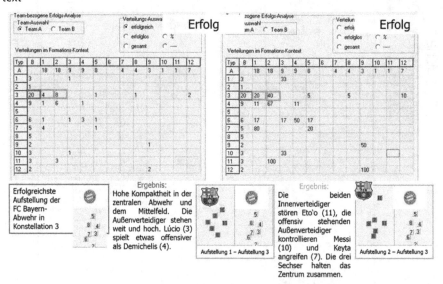

Abb. 12.7 Teamerfolg im Interaktionskontext: Schwerpunkt München: 1. Halbzeit: Team A: Bayern-Angriff, Team B: Barca-Abwehr. Verteilung: insgesamt 59 erfolgreiche Konstellationen, davon 20/59 Konstellationen A3 (33,9 %) erfolgreich

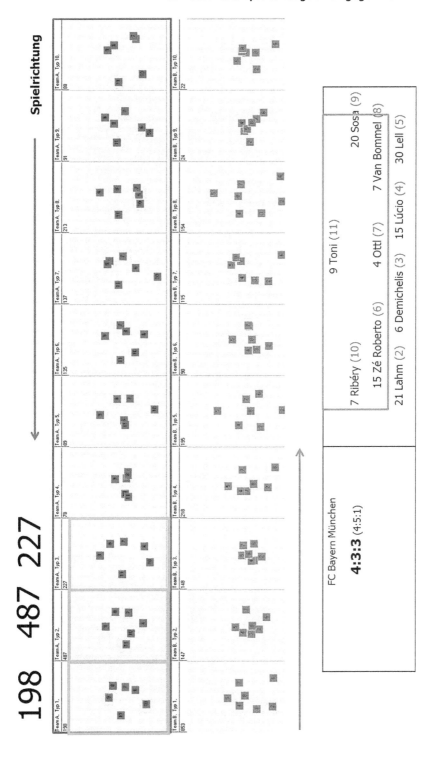

Abb. 12.8 Taktische Offensivmuster des FC Bayern (in rot) gegen Defensivkonstellationen des FC Barcelona (in blau) in der ersten Halbzeit

Auffallend anhand der Positionsdaten in der ersten Halbzeit war zudem, dass die Distanz zwischen dem Mittelfeld und Stürmer Toni viel zu groß war, wodurch er alleine gelassen wurde und nicht genug Unterstützung bei hohen Bällen erfuhr (vgl. Abb. 12.9). Ribéry (linkes Mittelfeld) spielte auf seiner Seite ein bisschen offensiver als Sosa (rechtes Mittelfeld). Das gesamte defensive Mittelfeld, bestehend aus Zé Roberto, Van Bommel und Ottl, befand sich nahezu durchgängig auf einer Höhe, wodurch eine gute Raumaufteilung nicht sichergestellt werden konnte. Ein zentraler Spieler des offensiven Mittelfeldes fehlte zumeist, wodurch weder eine Verbindung zwischen Defensive und Offensive noch zwischen rechter und linker Angriffsseite bestand. Ribéry versuchte, die zentrale Lücke zu füllen, aber spielte zu oft als rechter Flügelstürmer (Abb. 12.8).

Nach der Halbzeit ging der deutsche Rekordmeister durch Ribéry verdient in Führung. Ribéry spielte nun deutlich offensiver und schob sich einerseits auf die zentral-offensive Position hinter den Spitzen und fungierte andererseits als zweite Spitze neben Toni. Dadurch hatte Toni deutlich mehr Unterstützung (Abb. 12.10). Die Abstände zum Sturm waren allerdings weiterhin viel zu groß, da das Mittelfeld zu spät nachrückte und Ribéry und Toni oft keinen Kontakt hatten. Die Führung von Bayern München brachte Barcelona allerdings nicht aus der Ruhe, und Seydou Keita erzielte nach einer fantastischen Kombination den 1:1-Ausgleich.

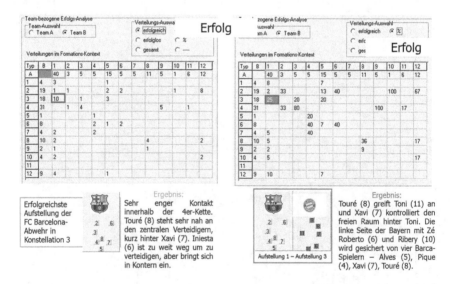

Abb. 12.9 Teamerfolg im Interaktionskontext Schwerpunkt Barcelona: 1. Halbzeit: Team A: Bayern-Angriff, Team B: Barca-Abwehr. Verteilung: insgesamt 113 erfolgreiche Konstellationen, davon 40/113 Konstellationen B1 (35,4 %) erfolgreich

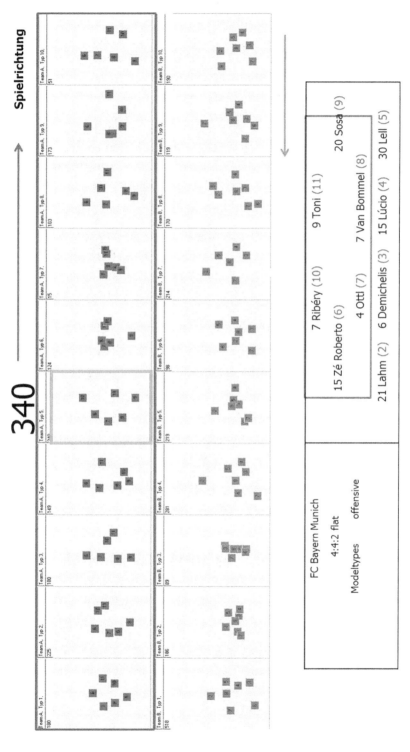

Abb. 12.10 Taktische Offensivmuster des FC Bayern (in rot) gegen Defensivkonstellationen des FC Barcelona (in blau) in der zweiten Halbzeit

In der Halbzeitpause hätte man auf der Basis der Positionsdaten sehr schnell sehen können, was man verändern muss, um die Siegchancen zu erhöhen. Passend zu den Mustern in Abb. 12.11 zeigte sich deutlich, dass München in der zweiten Halbzeit wesentlich breiter gestaffelt stand und dem Gegner mehr Räume überließ. Dies ging zulasten der Kompaktheit. Ohne Bedrängnis konnte Barcelona den Ausgleich erzielen. Bayern veränderten die taktische Formation von 4-5-1 zu 4-4-2, wo Zé Roberto jetzt im linken Mittelfeld die Position von Ribéry spielte. In der Offensive hätte München aber eine 10 (beispielsweise 4-3-2-1) benötigt, da die Distanz zwischen Toni und dem zentralen Mittelfeld zu groß war. Es wäre ein Spieler nötig gewesen, der hilft, die hohen Bälle auf Toni zu sichern. Somit wäre ein 4-3-2-1 eine naheliegende Option gewesen.

In der Defensive spielten Demichelis und Lúcio jetzt mehr auf einer Linie. Das defensive Mittelfeld stand weiter relativ kompakt, die Distanz zur Viererkette war jedoch nun zu weit, verbunden mit einem größeren Risiko im Spiel gegen den Ball. Beide Außenverteidiger Lahm und Lell standen breiter, wobei Lahm insgesamt auf der linken Seite höher stand als Lell auf der rechten Seite. In der zweiten Halbzeit unterstützte Ribéry Toni mehr in der Offensive. Er spielte ohne jegliche Einschränkungen, wodurch er von links nach rechts als variabler Stürmer wechselte.

Die Distanzen waren dennoch weiterhin zu groß. Ottl und Van Bommel standen sehr kompakt, aber ohne jegliche offensive Aktionen. Die Distanz zwischen Toni und den Mittelfeldspielern war erneut viel zu groß. Hier wurden von Klinsmann keine Veränderungen vorgenommen. Zé Roberto und Sosa spielten ein bisschen höher, daraus resultierte dann auch das Tor. Aus defensiver Perspektive wäre in der ersten Halbzeit gegen den Ball ein 4-3-3 ein gutes System gegen Barcelona gewesen, da die drei defensiven Mittelfeldspieler das Zentrum gegen Angriffe durch die Mitte hätten schließen können.

Der Leistungsindikator Pressinggeschwindigkeit

Wie in Kap. 11 vorgestellt, kann die Pressinggeschwindigkeit eines Teams oder von Spielern durch eine dynamische Prozessanalyse errechnet werden. Dieser Gesamtteamwert (in m/s) gibt an, wie schnell sich alle Spieler (außer dem Torwart) zum Ball hinbewegen, um diesen zurückzugewinnen. Erstaunlicherweise, und anders als die Presse dies berichtet hatte, agierten beide Teams in etwa gleich gut gegen den Ball (Abb. 12.12).

Was kann man über die individuelle Pressinggeschwindigkeit der Spieler sagen? Zum Beispiel hatte Luca Toni in der erste Hälfte den niedrigsten Wert,

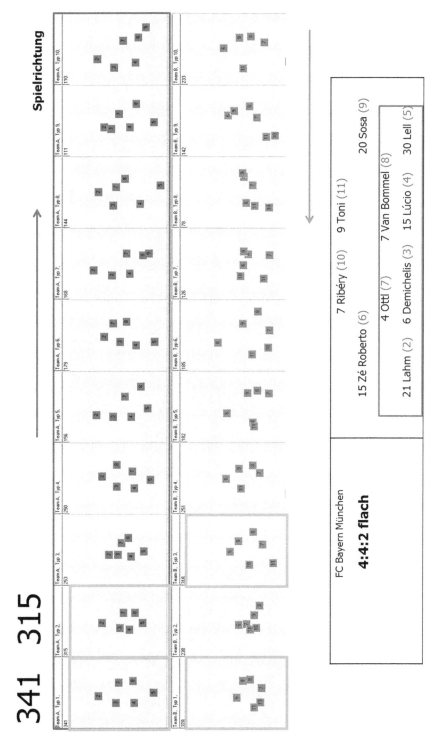

Abb. 12.11 Taktische Defensivmuster des FC Bayern (in rot) gegen Offensivkonstellationen des FC Barcelona (in blau) in der zweiten Halbzeit

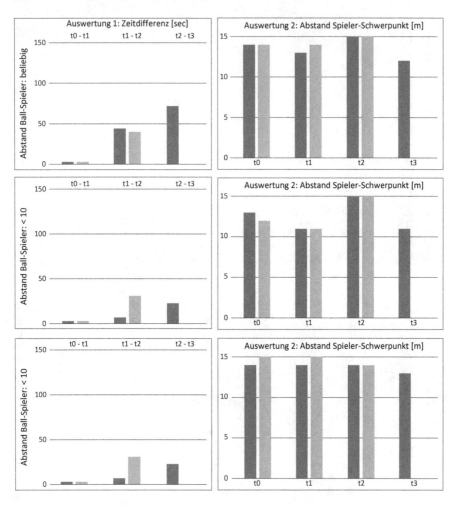

Abb. 12.12 Dargestellt ist der Pressingindex beider Teams in den unterschiedlichen Phasen (t0–t1 = Ballverlust bis 3 Sekunden; t1-t2 = 3 Sekunden bis 30 Meter entfernt vom Ballverlust; t1–t2 = 30 Meter entfernt vom Ballverlust bis zum Ballgewinn)

wohingegen andere Bayern-Spieler relativ ausgeglichen blieben (Abb. 12.13). Basierend auf individuellen Werten von allen Feldspielern und der Durchschnittsgeschwindigkeit können die Parameter der „Pressing"-Leistungsstrategie des defensiven Teams erstellt werden. Hier wurde kein deutlicher Unterschied zwischen FC Bayern München (M = 4.5 m/s) und FC Barcelona (M = 4.3 m/s) gefunden. In der zweiten Halbzeit hatte Luca Toni die schwächsten Werte, während der Rest relativ gleichwertig blieb. Ribéry erreichte gute Werte (Abb. 12.14).

Bedingt durch diese Muster kann abschließend festgehalten werden, dass Bayern sehr kompakt in der Innenverteidigung stand, aber viel zu große

Abb. 12.13 Anstoß: Enttäuschung der Spieler des FC Bayern nach dem 1:1, 2009. (© Waelischmiller/SVEN SIMON/picture alliance)

FC Bayern	1	2	3	4	5	6	7	8	9	10	11	Mittel
ohne Ball		17.1	12.9	13.0	15.8	11.7	5.8	7.5	15.2	15.9	17.5	13.2
mit Ball		24.2	20.7	20.0	18.4	19.5	15.4	16.1	18.0	20.4	24.6	19.7
Differenz	0.0	-7.1	-7.8	-7.0	-2.7	-7.8	-9.6	-8.6	-2.8	-4.5	-7.1	-6.5
Differenz in %	0.0	-41.3	-60.9	-54.0	-16.9	-66.2	-163.7	-115.0	-18.4	-28.3	-40.5	-49.0
FC Barcelona	**1**	**2**	**3**	**4**	**5**	**6**	**7**	**8**	**9**	**10**	**11**	**Mittel**
ohne Ball		16.0	13.3	13.3	16.9	16.4	8.3	6.0	8.5	18.6	18.0	13.5
mit Ball		21.3	18.7	19.4	22.5	22.1	15.1	14.9	17.2	22.0	25.3	19.9
Differenz	0.0	-5.3	-5.4	-6.1	-5.7	-5.7	-6.9	-8.9	-8.8	-3.4	-7.3	-6.3
Differenz in %	0.0	-32.8	-40.6	-45.5	-33.8	-34.5	-82.9	-147.1	-46.8	-46.8	-46.8	-46.8

Abb. 12.14 Individuelle Pressingwerte der Spieler von Bayern München und des FC Barcelona

Abstände zwischen den Innenverteidigern (Demichelis, Lúcio) und den Außenverteidigern (Lahm, Lell) ließ. Ottl als defensiver Mittelfeldspieler spielte etwas defensiver als Zé Roberto und Van Bommel. Lúcio ließ sich als hängender Innenverteidiger ein bisschen mehr zurückfallen. Allgemein war die Distanz zwischen der Innenverteidigung und Ottl als defensiver Mittelfeldspieler sehr klein, wodurch eine hohe Kompaktheit gegeben war. Zé Roberto als defensiver Mittelfeldspieler spielte eine offensivere 6, stand aber zu weit von der Viererkette weg, sodass kaum Unterstützung für zweite Pässe oder Bälle gegeben war. Beim Umschalten entstand dann ein großes Loch zwischen ihnen.

Post-Spielanalyse

Nach dem Spiel kann eine automatische Detektion von realtaktischen Formationen im Spiel basierend auf den Positionsdaten erfolgen (Abb. 12.15).

UEFA Champions League, Viertelfinale, Rückspiel, 14.04.2009
FC Bayern München gg. FC Barcelona **1 : 1**

Abb. 12.15 Mannschaftsaufstellung FC Barcelona

Damit wird klar, dass eine bekannte deutsche Sportzeitschrift mit ihrer Formation nicht richtig lag (Abb. 12.16 und 12.17). Die abschließende Analyse der beiden Trainer:

Jürgen Klinsmann (Trainer FC Bayern München):

Wir haben heute hervorragend auf die Hinspielniederlage reagiert und haben uns wirklich gut verkauft gegen den absoluten Favoriten auf den Titel. Natürlich haben wir vor dem Spiel ein bisschen von einer Sensation geträumt und auf ein frühes 1:0 gehofft, das hätten wir gebraucht, um Barcelona zu verunsichern. Ribéry hat dann später die Führung erzielt. Wenn der Elfmeter kurz danach

UEFA Champions League, Viertelfinale, Rückspiel, 14.04.2009
FC Bayern München gg. FC Barcelona **1:1** *(Falsche Aufstellung: Kicker)*

Abb. 12.16   Falsche Mannschaftsaufstellung FC Bayern München

UEFA Champions League, Viertelfinale, Rückspiel, 14.04.2009
FC Bayern München gg. FC Barcelona **1:1**

Abb. 12.17   Richtige Mannschaftsaufstellung FC Bayern München

gegeben wird, steht es 2:0, und dann will ich mal sehen, was im Stadion los gewesen wäre. Natürlich war das Spiel entschieden, als Barcelona das 1:1 gemacht hat. Wir haben viel gelernt aus diesen zwei Spielen und wissen, dass wir viel verbessern müssen, wenn es dann in der nächsten Saison in der UEFA Champions League neu losgeht. Wir haben uns viel vorgenommen und sind letztendlich an einer Mannschaft gescheitert, die eine Klasse besser ist.

Tito Vilanova (Assistenztrainer FC Barcelona):

Wir wussten, dass es in diesem Rückspiel nicht darauf ankommen würde, immer den Ball zu haben, wir mussten vor allem taktisch gut und diszipliniert stehen. Es war klar, dass sich bei einem Tor von uns unsere Ausgangsposition erheblich verbessern würde, dennoch wollten wir bei den Angriffen nicht mit allen Spielern nach vorne gehen. Wir haben uns zusammen mit Cheftrainer Pep Guardiola perfekt auf dieses Spiel vorbereitet und wir haben abgesprochen, welche Entscheidungen zu treffen sind, sodass es für mich in der Verantwortung nicht schwierig war. Wir sind froh, so weit gekommen zu sein, jetzt stehen wir im Halbfinale. An den FC Chelsea denken wir später, jetzt konzentrieren wir uns auf die Liga. Nur so viel: Chelsea ist ein starker Gegner, sie waren immerhin letztes Jahr im Finale.

An diesem Spiel wird deutlich, dass die Zeitabfolge der Konstellationstypen eine ganze Menge an Informationen über die dynamische Interaktion der gegnerischen taktischen Gruppen bietet. Dabei konnten Informationen über oft aufgetretene Interaktionsmuster zur Analyse bereitgestellt werden. Wie wir noch sehen werden (Kap. 18), können neuronale Netzansätze auch seltene, aber bedeutende und wohlmöglich kreative Interaktionen und Aktionen aus Positionsdaten heraussuchen. Auch die weiteren neuen KPIs, wie der Pressingindex, können neben qualitativen Analysen der Interaktion helfen, langsame Ballrückeroberungsprozesse als einen Indikator für signifikante Schwäche eines Teams oder einzelner Spieler zu identifizieren.

Literatur

Grunz, A., Memmert, D., & Perl, J. (2009). Analysis and simulation of actions in games by means of special self-organizing maps. *International Journal of Computer Science in Sport, 8*, 22–36.

Grunz, A., Memmert, D., & Perl, J. (2012). Tactical pattern recognition in soccer games by means of special self-organizing maps. *Human Movement Science, 31*, 334–343.

Memmert, D., & Perl, J. (2006). Analysis of game creativity development by means of continuously learning neural networks. In E. F. Moritz & S. Haake (Hrsg.), *The enginieering of sport 6* (Bd. 3, S. 261–266). New York: Springer.

Memmert, D., & Perl, J. (2009a). Analysis and simulation of creativity learning by means of artificial neural networks. *Human Movement Science, 28*, 263–282.

Memmert, D., & Perl, J. (2009b). Game creativity analysis by means of neural networks. *Journal of Sport Science, 27*, 139–149.

Perl, J., & Memmert, D. (2011). Net-based game analysis by means of the software tool SOCCER. *International Journal of Computer Science in Sport, 10*, 77–84.

Perl, J., & Memmert, D. (2012). Special issue: Network approaches in complex environments. *Human Movement Science, 31*(2), 267–270.

Perl, J., Grunz, A., & Memmert, D. (2013). Tactics in soccer: An advanced approach. *International Journal of Computer Science in Sport, 12,* 33–44.

Taktische Aufstellung von Bayern München und dem FC Barcelona im Champions League Viertelfinale 2008/2009. http://www.kicker.de/news/fussball/chleague/spielrunde/champions-league/2008-09/8/928060/taktische-austellung_bayern-muenchen-14_fc-barcelona.html. Zugegriffen am 14.04.2009.

13

Mythos Heimvorteil

Wie der 1. FC Köln die Statistik narrte

Nach diesem Exkurs auf die internationale Bühne kehren wir nun wieder zurück in den Bundesligaalltag. Für den 1. FC Köln lief die erste Saison nach dem Wiederaufstieg 2014 durchaus zufriedenstellend. In der Spielzeit 2014/2015 stand man während des gesamten Saisonverlaufs nicht ein Mal auf einem Abstiegsplatz, sondern rangierte im sicheren Mittelfeld. Eine Leistung, welche vor allem der sattelfesten Defensive und einem starken Timo Horn im Tor zuzuschreiben ist (Abb. 13.1). Am Ende stand Platz 12 zu Buche, und mit neun torlosen Remis stellte der FC darüber hinaus einen neuen Bundesligarekord auf.

Bei genauerer Betrachtung will eine Tatsache allerdings überhaupt nicht in die sonst konstante Saison der Kölner passen: Die enorme Diskrepanz zwischen den Leistungen auf heimischem Rasen und in der Fremde. Denn wirft man einen Blick auf die Heim- und Auswärtstabelle nach 34 gespielten Spielen, könnte die Kluft größer nicht sein. In der Heimtabelle nur zwei Tore vom Relegationsplatz 16 entfernt, belegten die Domstädter in der Auswärtstabelle den fünften Platz, der letztlich die direkte Qualifikation für die Europa League bedeutet hätte. „Natürlich würden wir die Bilanz gerne tauschen und zu Hause viele Punkte gewinnen. Aber es ist eigentlich egal, wo wir die Punkte

Abb. 13.1 Starker Rückhalt: Timo Horn in der Saison 2014/15. (© Anke Waelischmiller/ SVEN SIMON/picture alliance)

zum Klassenerhalt holen. Wenn wir als schwächstes Heim-Team und als beste Auswärtsmannschaft des FC aller Zeiten in die Geschichtsbücher eingehen, ist uns das auch recht", wird Trainer Peter Stöger noch im Februar zitiert (vgl. Schmidt 2015).

Dabei müssten die Kölner, wie alle anderen Mannschaften auch, doch eigentlich eher zu Hause die Punkte einfahren. Wo war er geblieben, der viel beschworene Heimvorteil? Nachgewiesen ist er schließlich in vielen Sportarten, und auch im Spitzenfußball ist er noch immer von – wenn auch abnehmender – Bedeutung. Teams, die auf heimischem Rasen vor den eigenen Fans antreten, gewinnen im Schnitt häufiger als die Gastmannschaft, holen mehr Punkte und schießen mehr Tore.

Trotz der Bekanntheit des Heimvorteils ist seine Ursache nicht eindeutig bewiesen. Die Erklärungsversuche hingegen sind vielfältig. Mögliche Faktoren könnten einerseits das vertraute Umfeld sein sowie die vielen antreibenden Fans. Andererseits kann auch der Schiedsrichter als potenzielle Ursache gesehen werden, da dieser unterbewusst von der Stimmung zugunsten der Heimmannschaft beeinflusst wird und diese dadurch ungewollt bevorteilt. Zudem kann eine Art Placeboeffekt, durch welchen die Heimmannschaft allein durch das Wissen um ihren vermeintlichen Vorteil offensiver auftritt, als weitere Theorie aufgeführt werden (vgl. Staufenbiel et al. 2015).

Zu Hause ist's am schönsten

Für die Analyse der Ursache der rätselhaften Ergebnisse des 1. FC Köln muss zuerst überprüft werden, wie sich der Mythos Heimvorteil auf die fortgeschrittenen Key-Performance-Indikatoren überträgt. Hierzu ist zu vermuten, dass Heimteams auch bei überspielten Gegnern oder der Raumkontrolle bevorteilt sind. Verglichen mit den Gastmannschaften können sie tatsächlich in mehreren Aspekten die Feldhoheit behaupten. Laut der Studie von Memmert et al. (2016a, b) überspielen sie, gemessen an 50 Spielen der Bundesligasaison 2014/2015, nicht nur deutlich mehr gegnerische Fußballspieler bei Pässen nach vorne, sondern können auch bei Zuspielen in der Mittelfeldzone größere Räume um Strafraum und Angriffsbereich kontrollieren (Abb. 13.2). Ferner gewinnen sie bei Pässen in der Angriffszone vermehrt Räume im gegnerischen Strafraum.

Außerdem ist eine defensivere Grundausrichtung der Gästeteams wahrnehmbar. Die Heimmannschaft sieht sich im Mittel mehr gegnerischen Spielern gegenüber, wenn vom Mittelfeld in die Spitze oder innerhalb der Angriffszone gepasst wird. Es lässt sich festhalten, dass auch in Berechnungen, die über grundlegende Leistungsparameter hinausgehen, noch immer ein Unterschied zugunsten der Gastgeber messbar ist. Obwohl der Vorteil im eigenen Stadion seit Jahren stetig abnimmt.

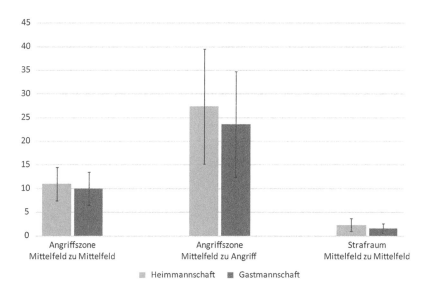

Abb. 13.2 Die Heimmannschaften haben in der gegnerischen 30 m-Zone (Angriffszone) und im gegnerischen Strafraum bei Pässen aus unterschiedlichen Zonen mehr Raumkontrolle als die unterlegene Mannschaft

Anhand dieser Informationen kommt in der Akte „Effzeh" endlich Licht ins Dunkel. Denn die Spielwerte der Kölner, vergleicht man die Partien im Rheinenergiestadion und auswärts, weisen teilweise die gleichen Differenzen wie beim typischen Heimvorteil auf – mit umgekehrten Vorzeichen!

Erstaunlicherweise waren die Domstädter nämlich in der ersten Saison nach dem Wiederaufstieg bei den für Heimmannschaften eigentlich vorteilhaften Kategorien zu Hause schwächer als auswärts. Insbesondere bei den Pässen in den Angriff konnten sie zu Hause viel weniger Gegenspieler aus dem Spiel nehmen wie auf fremden Terrain. Was Heimteams für gewöhnlich besser machen als die Gäste, fiel den Kölnern scheinbar besonders schwer. Für die Mannen um Peter Stöger war die Saison dennoch durchaus zufriedenstellend.

Literatur

Memmert, D., Raabe, D., Knyazev, A., Franzen, A., Zekas, L., Rein, R., Weber, H., et. al (2016a). Big Data im Profi-Fußball. Analyse von Positionsdaten der Fußball-Bundesliga mit neuen innovativen Key Performance Indikatoren. *Leistungssport, 46*(5), 1–13.

Memmert, D., Raabe, D., Knyazev, A., Franzen, A., Zekas, L., Rein, R., Weber, H., et. al (2016b). Innovative Leistungsindikatoren im Profifußball auf Basis von Positionsdaten. *Impulse, 2*, 14–21.

Schmidt, J. (4. Februar 2015). Mit Masterplan gegen die Heimschwäche. *General Anzeiger Bonn.* http://www.general-anzeiger-bonn.de/sport/fckoeln/Mit-Masterplan-gegen-die-Heimschw%C3%A4che-article1553596.html. Zugegriffen am 24.03.2017.

Staufenbiel, K., Lobinger, B., & Strauss, B. (2015). Home advantage in soccer – A matter of expectations, goal setting and tactical decisions of coaches? *Journal of Sports Science, 33*, 1932–1941.

14

Taktik im Trainerkarussell

Schleudersitz in Palermo

Insgeheim hat jeder von uns schon einmal davon geträumt, die Geschicke des Lieblingsvereins an der Seitenlinie höchstpersönlich zu leiten: Mit uns hätte der Hamburger SV endlich keine Abstiegssorgen mehr, für Schalke wäre die nächste deutsche Meisterschaft eine Frage von ein bis zwei Saisons. Die nötige Erfahrung bringen wir auch mit, die haben wir bei zahlreichen Managerspielen gesammelt. Wir wären bereit, warum eigentlich nicht?

Für viele ist Fußballtrainer ein Traumberuf. Was wir manchmal vergessen, ist, wie brutal hart dieser Job in der Realität sein kann. Trainer arbeiten rund um die Uhr, stehen permanent im Fokus der Öffentlichkeit und unter enormem Erfolgsdruck. Das Arbeitszeugnis erfolgt ein- bis zweimal pro Woche und macht den Job so kurzlebig wie kaum einen anderen. Dabei ist es fast egal, wie gut man eigentlich arbeitet. Am Ende entscheidet fast ausschließlich der (nicht vorhandene) sportliche Erfolg über ein Ausscheiden. Es ist ein schmaler Grat zwischen Erfolg und Misserfolg in einem Spiel, bei dem ca. die Hälfte aller Tore durch Zufall begünstigt werden.

Studien legen nahe, dass Trainerwechsel langfristig keine Wirkung haben (Heuer et al. 2011; Memmert et al. 2013). Dennoch erhoffen sich viele Vereinsführungen, in prekärer Lage mit einem frischen Mann an der Seitenlinie neue Impulse zu setzen. Nirgendwo sonst dürfte sich im 21. Jahrhundert das Trainerkarussell so schnell drehen wie beim italienischen Verein US Palermo, wo der ehemalige Präsident und Besitzer Maurizio Zamparini zwischen 2002 und 2018 über 30 Mal zum Stilmittel der Trainerentlassung griff. Dass es auch anders geht, zeigen etliche Vereine in der Bundesliga, welche statt auf

© Springer-Verlag GmbH Deutschland, ein Teil von Springer Nature 2019
D. Memmert, D. Raabe, *Revolution im Profifußball*,
https://doi.org/10.1007/978-3-662-59218-2_14

Aktionismus vielmehr auf eine kontinuierliche Entwicklung vertrauen und auch in Krisenzeiten an ihrem Trainer festhalten.

Der SV Werder Bremen war lange Zeit das Paradebeispiel für diesen Ansatz. Trainer Thomas Schaaf betreute das Team über 14 Jahre in 644 Pflichtspielen, gewann einmal die deutsche Meisterschaft und dreimal den DFB Pokal (Abb. 14.1). Sein Abgang im Mai 2013 beendete eine Ära und läutete an der Weser einen Umbruch ein. Saison eins nach Schaaf verbrachte man unter Robin Dutt im unteren Mittelfeld der Tabelle. In der darauffolgenden Saison 2014/2015 sah man sich jedoch bereits nach neun Spieltagen gezwungen, eine Veränderung zu erwirken, und löste Dutt an der Seitenlinie durch Viktor Skripnik ab.

Skripnik, einst selbst Spieler unter Legende Schaaf, schaffte es, die schwächelnden Bremer mit einem Punkteschnitt von 1,56 bis zum Ende der Saison sogar noch auf Platz 10 zu führen. Eine beachtliche Leistung, für die der SVW sich fast mit einem Startplatz in der Europa League belohnt hätte. Noch am letzten Spieltag war ein Platz im internationalen Geschäft möglich, letztlich musste man sich jedoch Borussia Dortmund geschlagen geben. Aus taktischer Sicht waren die beiden Trainerperioden vor allem von zwei verschiedenen Spielsystemen geprägt, welche auf den ersten Blick recht ähnlich wirken. Auf den zweiten Blick hingegen liefern sie die ideale Basis, um einen Trainerwechsel unter taktischen Aspekten zu durchleuchten.

Abb. 14.1 Kulttrainer Trainer Thomas Schaaf: über 14 Jahre in 644 Pflichtspielen für Werder Bremen an der Seitenlinie. (Opihuck 2012)

Spielarten des 4-4-2

Unter Dutt spielte Bremen in einem klassischen 4-4-2 mit zwei zentralen, defensiven Mittelfeldspielern. Skripnik praktizierte ebenfalls eine 4-4-2 Grundordnung, setzte im Mittelfeld aber auf eine Raute bestehend aus jeweils einem zentral defensiven sowie einem zentral offensiven Mittelfeldspieler. Bereits unter Thomas Schaaf, welcher dieses System über Jahre spielen ließ, war Bremen für die Mittelfeldraute bekannt. Es war eine Veränderung im Detail und wurde dennoch als Rückkehr zu alten Tugenden gefeiert.

Der Unterschied dieser beiden Systeme – 4-4-2 mit Doppelsechs und 4-4-2 mit Raute – bestand weniger in der Grundordnung, sondern vielmehr in der Spielweise (Abb. 14.2 und 14.3). Im System mit zwei Sechsern versuchten die

10. Spieltag, Sa (01.11.14) 1. FSV Mainz 05 gg. SV Werder Bremen
(4-2-3-1) **1 : 2** (4-4-2 Runde) *Trainer V. Skripnik*

Abb. 14.2   Abbildung des 4-4-2 Systems von Bremen unter Skripnik

7. Spieltag, Sa (04.10.14) SV Werder Bremen gg. SC Freiburg
(4-4-2 doppel 6) **1:1** (4-4-2 doppel 6) *Trainer R. Dutt*

Abb. 14.3 Abbildung des 4-4-2 Systems von Bremen unter Dutt

Werderaner, durch einen geordneten Spielaufbau und ein kontrolliertes Spiel
nach vorne verstärkt ballbesitzorientierten Fußball zu spielen. Spielkontrolle
war das Stichwort. Skripnik interpretierte das Spiel von Bremen ein wenig
anders und nutzte die Mittelfeldraute, um Räume besser kontrollieren zu
können. Durch den offensiven Mittelfeldspieler, so die Idee, wird eine deutlich bessere Tiefenstaffelung im Mittelfeld erreicht. Die beiden zentralen Mittelfeldspieler stehen nicht mehr auf gleicher Höhe, eine Doppelbesetzung der
Räume vor der Abwehr ist folglich nicht mehr möglich.

Vergleicht man die Werte von vier Spielen der Bremer unter Dutt mit den
zugehörigen Rückspielen unter Skripnik, bestätigen die Daten die Theorie.
Der zusätzliche offensive Mittelfeldspieler hilft, mehr Raum in den kritischen

Zonen unter Kontrolle zu bringen. Bei Pässen vom Mittelfeld in den Angriff kontrollierten die Bremer nach Auflösung der Doppelsechs durchschnittlich gute 30 % mehr Raum in der Angriffszone. Im Strafraum verzeichneten sie sogar ein Plus um ganze 70 %. Im Mittel stieg die Kontrolle in der Angriffszone von 18,44 % auf 24,09 %, im Strafraum von 4,52 % auf 7,83 %.

Obwohl mehr Raumkontrolle erlangt werden konnte, spielte Bremen unter Skripnik nicht den gleichen Ballbesitzfußball wie unter Dutt. Vielmehr nutzte man den zusätzlichen Spieler im offensiven Zentrum, um schnelle, steile Pässe in die Spitze zu spielen. Durch die neue Anspielstation und die schnell nachrückenden äußeren Mittelfeldspieler gelang es Werder, nach Ballgewinn mit überfallartigem Kontern gefährliche Angriffe zu spielen. Mit schneller Überbrückung des Mittelfeldes und den bei Angriffen vielen offensiv ausgerichteten Spieler konnten sie so deutlich mehr Räume generieren.

Wie Tab. 14.1 zeigt, sind für alle Pässe in der Offensive, also vom Mittelfeld in den Angriff und innerhalb der Angriffszone, in beiden kritischen Zonen durchschnittlich höhere Raumgewinne unter Skripnik zu verbuchen.

Dass die Raumanteile einer Mannschaft im Angriff mit einem zusätzlichen Offensivspieler zunehmen, scheint nicht ungewöhnlich. Es wird jedoch deutlich, dass die taktische Umstellung unter Skripnik die gewünschten Veränderungen in Raumkontrolle und Raumgewinn mit sich brachten. Der Plan, Spielkontrolle zugunsten von größeren Raumanteilen in der Offensive aufzugeben und mit schnellen Raumgewinnen über Konter zum Abschluss zu kommen, ging auf.

Der Vergleich zeigt außerdem, dass ein Trainerwechsel durchaus zu messbaren Veränderungen der taktischen Leistungen einer Mannschaft führen kann. Die beiden Fragen, ob die Entlassung des Trainers im Einzelfall die richtige Entscheidung ist und ob das Spielsystem seines Nachfolgers das überlegene ist, können allerdings nicht beantwortet werden.

Zwei Dinge scheinen aber sicher: Ein neuer Trainer ist durchaus dazu imstande, taktisch neue Impulse zu geben. Und im Fall von Werder Bremen

Tab. 14.1 Durchschnittliche Raumgewinne von Bremen in jeweils vier Spielen der Hin- und Rückrunde

		4-4-2 (Doppel 6)	4-4-2 (Raute)
Pässe in den Angriff	Raumgewinn Angriffszone	2,80	3,45
	Raumgewinn Strafraum	0,66	2,81
Pässe innerhalb des Angriffs	Raumgewinn Angriffszone	0,83	2,43
	Raumgewinn Strafraum	1,44	3,95

gab zumindest der von der Vereinsebene ersehnte Erfolg Skripniks Schachzug recht. Zumindest mittelfristig, denn gut zwei Jahre später musste auch Skripnik nach anhaltender Erfolgslosigkeit den Hut nehmen.

Literatur

Heuer, A., Müller, C., Rubner, O., Hagemann, N., & Strauss, B. (2011). Usefulness of dismissing and changing the coach in professional soccer. *PLoS ONE, 6*, e17664. https://doi.org/10.1371/journal.pone.0017664.

Memmert, D., Strauß, B., & Theweleit, D. (2013). *Der Fußball – Die Wahrheit*. München: Süddeutsche Zeitung Edition.

Opihuck. (2012). (CC BY-SA 3.0). Wikipedia: https://de.wikipedia.org/wiki/Thomas_Schaaf. Zugegriffen am 29.09.2016.

15

Alles auf Angriff

Variabilität zahlt sich aus

„Wenn du hinten liegst, musst du einen Verteidiger einwechseln." Diese Aussage der holländischen Fußballlegende Johan Cruyff mag eigenartig wirken und entspricht sicher nicht jedermanns Intuition. Sollte man nicht eigentlich vermuten, bei einem Rückstand ist ein weiterer Stürmer das beste Mittel der Wahl?

Dass ein weiterer offensiver Spieler nicht automatisch zu mehr Feldüberlegenheit in der Offensive führt, sieht man an den taktischen Kniffen des 1. FC Köln unter der Regie von Peter Stöger (Abb. 15.1). Die defensive Stabilität und chronische Heimschwäche des Aufsteigers in der Saison 14/15 haben wir bereits gesehen. Kommen wir zu einer weiteren Komponente der überzeugenden Kölner Saison: taktische Variabilität.

Im Laufe der Rückrunde spielte sich ein 4-4-2 als bevorzugtes System bei den Domstädtern fest, davor bewies die Mannschaft jedoch immer wieder, aus welchem Repertoire an Spielsystemen sie schöpfen konnte. So kam nicht nur das ebenfalls weit verbreitete 4-2-3-1-System zum Einsatz, sondern bei Bedarf ließ Peter Stöger gerne auch mit einer Fünferkette verteidigen. Die Mannschaft war imstande, nicht nur im Vorfeld einer Partie das eigene System dem Gegner anzupassen. Auch während des Spiels war man bereit, auf Veränderungen des Spielstands oder des gegnerischen Spielverhaltens zu reagieren.

Das angesprochene 4-2-3-1, ein System mit fünf Mittelfeldspielern, kam besonders häufig dann zum Einsatz, wenn sich der FC vermeintlich spielschwachen Mannschaften gegenüber sah. Durch die Umstellung auf fünf Mittelfeldspieler boten sich insgesamt mehr Anspielstationen im Zentrum,

© Springer-Verlag GmbH Deutschland, ein Teil von Springer Nature 2019
D. Memmert, D. Raabe, *Revolution im Profifußball*,
https://doi.org/10.1007/978-3-662-59218-2_15

Abb. 15.1 Peter Stöger, Cheftrainer des 1. FC Köln in der Saison 2014/15. (© Eibner-Pressefoto/picture alliance)

was der Spielkontrolle zugutekommen sollte. Während man sich gegen Top-mannschaften auf eine kompakte Defensive und Konter fokussierte, wollte man bei den Spielen gegen Teams aus dem Tabellenkeller mit einem zusätzlichen Mittelfeldspieler besonders eines vermeiden: sich das Spiel des Gegners aufdrängen zu lassen.

Grundordnung und Spielsystem

Doch wie wirkt sich ein Stürmer weniger auf die Raumkontrollwerte aus? Fehlt unter der Überbesetzung im Mittelfeld nicht gleichzeitig auch offensive Durchschlagskraft? Der Vergleich der beiden Systeme zeigt, dass der FC mit dem zusätzlichen Spieler im Mittelfeld faktisch mehr Raumdominanz in der Spitze ausstrahlen konnte. In der Angriffszone kontrollierten sie in der 4-2-3-1-Grundordnung durchschnittlich 1 bis 3 Prozentpunkte mehr Raum als sonst. Für den gegnerischen Strafraum gilt Ähnliches – mit einer kleinen, aber feinen Ausnahme: Spielten sie den Ball innerhalb des Angriffs, kontrollierten sie jetzt fast doppelt so viel Raum im Strafraum, nämlich 12,03 % statt 6,80 %.

Die Interpretation dieser Leistungsdaten ist einmal mehr mit der den Grundordnungen verbundenen, Spielweise zu suchen. Spielte der 1. FC Köln im 4-4-2, rückten im Angriff deutlich weniger Spieler mit auf. In der eher defensiv orientierten Strategie waren nach langen Bällen dann beide Stürmer meist auf sich alleine gestellt. Sollte der Gegner im 4-2-3-1 jedoch kontrolliert werden, schalteten sich auch die Mittelfeldspieler verstärkt ins Angriffsspiel ein. Trotz des fehlenden Stürmers waren dann insgesamt mehr Spieler bei den geordneten Angriffen beteiligt, und es konnte sogar etwas mehr Raum in den kritischen Zonen beherrscht werden.

In der Praxis kam das System jedoch nur gegen Teams zum Einsatz, bei denen Stöger seiner Mannschaft zutraute, Ballbesitzfußball zu spielen, ohne an defensiver Stabilität einzubüßen. Denn gegen besser organisierte Mannschaften kann die offensivere Spielweise durch mehr aufgerückte Spieler schnell zu Problemen führen und die eigene Ordnung verloren gehen.

Die Doppelspitze ist im Vergleich zu einem einzigen Stürmer also nur oberflächlich betrachtet die offensivere Variante (Abb. 15.2 und 15.3). Bezieht

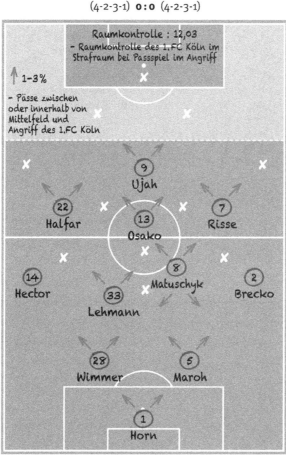

Abb. 15.2 Veranschaulichung 1. FC Köln mit einer Spitze

4. Spieltag, Sa (21.09.04). 1. FC Köln gg. Borussia M'Gladbach
(4-4-2) **0:0** (4-4-2)

Abb. 15.3 Veranschaulichung 1. FC Köln mit zwei Spitzen

man die Auslegung eines Systems mit ein, kann die Variante mit nur einem nominellen Angreifer durchaus mehr Druck nach vorne entwickeln. Inwiefern ein zusätzlicher Verteidiger dem Offensivspiel zugutekommen kann, so wie Cruyff es vorgeschlagen hat, muss noch untersucht werden.

16

Gesetze des Derbys

Rivalen am Rhein

Egal ob Old Firm, Revierderby oder Superclásico: Derbys sind besondere Spiele. Dass sie, wie oft genug behauptet, eigenen Gesetzen folgen, konnte zwar wissenschaftlich noch nicht nachgewiesen werden, spielt aber in diesem Fall nur eine untergeordnete Rolle. Bezüglich Emotionalität, Drama und Bedeutung sind sie eine Liga für sich. Für die folgende Analyse kam daher auch kein anderes Spiel als ein solches Derby infrage.

Wir haben an mehreren Beispielen gesehen, wie Positionsdaten auf allen Ebenen ein neues Licht auf taktische Aspekte des Fußballs werfen: von makroskopischen Untersuchungen über Sieg oder Niederlage über detaillierte Erkenntnisse zu Spieltaktiken und Systemwechseln bis zu Liveanalysen während einzelner Spiele. Nun wollen wir uns erneut einem Einzelspiel widmen und die Nachbereitung eines solchen neu aufrollen.

Wie wird der Spielbericht der Zukunft aussehen? Bis heute erfolgt die Post-Match-Spielanalyse weitestgehend per Hand. Zwar wird in der Bundesliga intensiv mit Videoaufzeichnungen gearbeitet, und es werden auch umfassende Statistiken zu den Spielen erfasst, die Subjektivität der Bericht überwiegt jedoch. Das nachfolgende Beispiel soll – ähnlich wie das Champions-League-Halbfinale zwischen Bayern München und Barcelona in Kap. 12 – verdeutlichen, wie eine solche manuell durchgeführte Spielanalyse durch den

Elektronisches Zusatzmaterial Die Online-Version dieses Kapitels (https://doi.org/10.1007/978-3-662-59218-2_16) enthält Zusatzmaterial, das für autorisierte Nutzer zugänglich ist.

Abb. 16.1 Das Derby Bayer 04 Leverkusen gegen 1. FC Köln (5:1) am 13. Spieltag der Saison 2014/2015. (© firo/El-Saqqa/augenklick/picture alliance)

punktuellen Einsatz von Positionsdaten-basierten Key-Performance-Indikatoren ergänzt werden kann. Als Versuchsobjekt dient das Rheinische Derby zwischen Bayer 04 Leverkusen und dem 1. FC Köln vom 13. Spieltag der Saison 2014/2015, welches die Werkself mit 5:1 für sich entscheiden konnte (Abb. 16.1).

Bayer 04 Leverkusen 5:1 (1:1) 1. FC Köln
Sa., 29.11.2014 – 15.30
13. Spieltag, Saison 2014/2015
BayArena, Leverkusen

- 0:1 Lehmann (4. Minute)
- 1:1 Bellarabi (26. Minute)
- 2:1 Calhanoglu (61. Minute)
- 3:1 Drmic (79. Minute)
- 4:1 Drmic (88. Minute)
- 5:1 Bellarabi (90. Minute)

Spielverlauf kompakt

Köln konzentrierte sich von Spielbeginn an vornehmlich auf die Defensivarbeit, dabei spielte den Gästen die frühe Führung durch Lehmanns Elfmetertor in die Karten. Nach vorne blieben lange Bälle auf Ujah das Mittel der Wahl, nachgerückt wurde bei den wenigen Kontern allerdings kaum. Leverkusen hingegen hatte das Spiel über weite Strecken komplett unter Kontrolle, konnte gegen Kölns engmaschigen Defensivverbund zunächst jedoch wenig ausrichten. Erst ein Standard brachte Mitte der ersten Halbzeit den Ausgleich, als Bellarabi Horns Abpraller sicher verwerten konnte. 15 min nach der Pause führte erneut ein Freistoß zum Erfolg, diesmal traf Calhanoglu direkt. Köln stellte daraufhin auf ein 4-4-2 um, Trainer Peter Stöger brachte mit Osako und Finne zwei neue Kräfte für die Offensive. Und tatsächlich wurde die Partie nun deutlich offener, doch Köln konnte vor dem gegnerischen Tor nur bedingt Gefahr erzeugen, stattdessen luden die entstehenden Räume Leverkusen zum Kontern ein. Zwei Kontertore von Drmic und eins von Bellarabi ließen den Sieg für Leverkusen letzten Endes sehr deutlich ausfallen.

Formation und Aufstellung

Kölns Fokus auf die Defensive war bereits mit einem Blick auf die Startaufstellung zu erahnen. Die Domstädter agierten in einer 5-4-1-Grundformation, dabei rückte Maroh zu Wimmer und Mavraj ins defensive Zentrum, die beiden Außenverteidiger Hector und Brecko komplettierten das Fünferabwehrbollwerk. Das Mittelfeld formte sich aus Lehmann und Vogt im Zentrum sowie Svento und Olkowski auf den Außen. Die einzige Spitze bildete Ujah.

Leverkusen spielte hingegen aus einem 4-2-3-1 heraus. In der Viererkette mit zwei offensiv ausgerichteten Außenverteidigern verteidigten Boenisch, Spahic, Jedvaj und Hilbert. Im defensiven Mittelfeld davor waren Castro und Bender positioniert, das offensive Mittelfeld bildeten auf einer Höhe Son, Calhanoglu und Bellarabi, wobei sich die beiden offensiven äußeren Mittelfeldspieler sehr stark nach vorne orientierten und fast auf einer Höhe mit dem Sturm positionierten – dieser bestand einzig aus Kießling.

Defensive Grundordnung und Umschaltverhalten

Die Grundordnung des 1. FC Köln änderte sich auch bei gegnerischem Ballbesitz nicht. Verteidigt wurde sehr tief stehend mit allen Spielern in der eigenen Hälfte (Abwehrpressing). Der eigene Stürmer Ujah positionierte sich als erster Verteidiger auf Höhe der Mittellinie oder sogar des eigenen Mittelhalbkreises. Leverkusen wurde so die Möglichkeit zum geordneten Spielaufbau gegeben, erst beim Versuch, den eigenen Stürmer anzuspielen oder das Spiel über das zentrale Mittelfeld abzuwickeln, begannen die Kölner aktiv zu verteidigen.

Die äußeren Spielfeldlängszonen wurden eher begleitend verteidigt, sodass Bayer häufig versuchte, diese zu bespielen. Insgesamt hielt der FC die Abstände zwischen den Spielreihen eng und verkleinerte so den Raum für Anspiele. Die Abwehrreihe stand dabei meist auf Höhe des Strafraums, so konnte eine enorm große Kompaktheit im Zentrum erreicht werden. Besonders nach eigenem Ballverlust versuchte Köln sich ballorientiert in die eigene Hälfte fallen zu lassen: Die eigene Grundordnung sollte schnellstmöglich hergestellt werden, um das Verteidigen im Kollektiv zu ermöglichen.

Auch Leverkusen blieb seiner Grundordnung bei gegnerischem Ballbesitz treu. Die Mannschaft um Trainer Roger Schmidt verteidigte jedoch sehr offensiv: Sie positionierte sich bei geordnetem Spielaufbau des Gegners ca. 10 bis 15 m in der gegnerischen Spielfeldhälfte und versuchte dort, den Spielaufbau direkt zu stören oder sogar zu unterbinden. Mit diesem Offensivpressing, der offensivsten Verteidigungsstrategie, attackierte sie den Gegner bereits in der eigenen Spielfeldhälfte und setzten ihn früh unter Druck, ließ jedoch häufig zu große Abständen zwischen den einzelnen Mannschaftsteilen entstehen, da aus der Verteidigung nicht schnell genug nachgeschoben wurde. Nach eigenem Ballverlust versuchte Leverkusen durch direktes Gegenpressing die Gegner zu stören, Konter zu unterbinden und im besten Fall den Ball direkt zurückzuerobern. Sobald dies gelang, positionierten sich die Spieler erneut in der defensiven Grundordnung. Bei eigenem Ballbesitz konnten sich die Innenverteidiger Spahic und Jedvaj, begünstigt durch den tief stehenden Gegner, sehr hoch positionieren und rückten immer wieder bis zur Mittellinie vor.

Offensivverhalten

Der 1. FC Köln vertraute bei Spielaufbau und -auslösung über weite Strecken langen Bällen auf die einzige Spitze Ujah. Um dem Leverkusener Gegenpressing und frühzeitigem Stören beim Spielaufbau zu entgehen, versuchten die Gäste, mit Pässen in die Tiefe schnell viele Spielreihen und Gegenspieler zu überspielen. So zeigen die Daten eine Reihe von Pässen auf Mittelstürmer Ujah, welche mehr als vier Gegenspieler überspielen. Der erste nahm bereits nach 18 s fünf Leverkusener aus dem Spiel. Ujahs Aufgabe war es, die Bälle zu sichern oder in Laufduelle zu gehen, um die eigene Schnelligkeit auszunutzen.

Der Fokus auf Konter zeigt sich auch bei den Passdaten. Hier stehen den Kölnern in beiden Halbzeiten durchschnittlich nur halb so viel Leverkusener gegenüber, wie es auf der Gegenseite der Fall ist. Bei Pässen in die Spitze gewinnen sie in der Angriffszone außerdem in der ersten Halbzeit 6,5 und in der zweiten Halbzeit 5,6 Prozentpunkte Raum. Zum Vergleich: Leverkusens Werte liegen bei 0,61 und 0,05 Prozentpunkten. Die Verteidiger überspielen außerdem, bedingt durch die offensive Stellung Leverkusens, einen halben Gegenspieler mehr in der Spieleröffnung.

Auf der anderen Seite konnte Leverkusen auf verschiedene Methoden des geordneten Spielaufbaus zurückgreifen und wurde dabei nur selten aggressiv gestört. Sie waren aufgrund des sehr kompakt verteidigenden Gegners vor allem in der ersten Spielfeldhälfte darauf bedacht, das Spiel auf die Spielfeldlängszonen zu verlagern. Dafür positionierten sich die Außenverteidiger relativ hoch und versuchten, den Ball weit in die gegnerische Hälfte zu führen, um von dort ins Zentrum zu spielen. Die Abspiele erfolgten sehr spät, Boenisch und Hilbert agierten sehr mutig und warteten häufig, bis Kontakt zum Gegner bestand. Die Spielauslösung in die Tiefe erfolgte dann flach und über mehrere Gegenspieler.

Eine weitere Methode, um die Defensive der Kölner auszuhebeln, kam im Verlauf des Spiels zum Einsatz. Bei dieser Alternative erfolgte der Aufbau aus dem Zentrum mit hohen unkontrollierten Pässen in die Spitze. Castro, der sich als abkippende Sechs immer wieder zwischen die beiden Innenverteidiger fallen ließ, um sich dort Bälle abzuholen, oder Spahic als Innenverteidiger spielten weite Pässe über die Kölner Abwehrreihen. Teilweise gelang es den Leverkusenern auf diese Weise gut, das Mittelfeld zu überbrücken und einen Großteil der Kölner Defensive zu überspielen. Auch gutes Pressing und schnell ausgespielte Konter halfen den Leverkusenern mehrmals, sehr schnell Räume und gute Torchancen zu erspielen. Besonders in der Schlussviertelstunde konnten durch Kölns offensivere Ausrichtung mehrere vielversprechende Konter gefahren werden.

Die drückende Überlegenheit der Werkself spiegelt sich vor allem in hohen Raumanteilen wider. Besonders in der ersten Halbzeit überragte sie ihren Kontrahenten, beispielsweise stehen in Sachen Raumkontrolle der Angriffszone bei Pässen in den Angriff 21,68 % und 21,82 % für Halbzeit eins und zwei zu Buche. Die Kölner konnten hingegen bei ihren seltenen Vorstößen gerade einmal halb so viel Raum für sich beanspruchen (10,26 % und 11,28 %). Besonders im gegnerischen Strafraum war der Unterschied bei Pässen im Angriff erheblich. In der ersten Halbzeit stehen hier Leverkusens 11,09 % mageren 1,61 % auf der anderen Seite gegenüber.

Taktische Umstellung von Köln

Kölns Systemumstellung erfolgte mit dem personellen Wechsel in der 69. Minute (Abb. 16.2 und 16.3). Peter Stöger brachte Osako für Brecko, stellte in der Abwehr auf eine Viererkette um und bot so einen weiteren Stürmer auf. Osako übernahm im neuen 4-4-2 die Rolle einer hängenden Spitze. Nachdem die Kölner Verteidigungstaktik lange Zeit aufgegangen war, sah sich der Fußballlehrer spätestens nach dem Rückstand zum Handeln gezwungen, sollte noch mindestens ein Punkt mit nach Hause genommen werden.

13. Spieltag, Sa.(29.11.2014), Bayer 04 Leverkusen gg. 1.FC Köln
(4-2-3-1) **5 : 1** (5-4-1)

Abb. 16.2 Aufstellung des 1. FC Köln vor der 69. Minute

Und tatsächlich, die Kölner Leistungswerte zeugen in der zweiten Halbzeit von einem deutlich bemühteren Offensivspiel. So konnte die Kontrolle in der Angriffszone bei Pässen in selbiger von durchschnittlich 13,74 % auf enorme 55,56 % gesteigert werden. Statt lange Bälle auf die Spitze zu spielen, versuchte Köln nun durchaus, auch offensiv am Spiel teilzunehmen.

Die Umstellung zusammen mit Kölns deutlich offensiverem Auftreten nach dem Rückstand spiegelt sich auch in den Daten der Leverkusener wider. Obwohl Leverkusen in beiden Halbzeiten ähnlich viel Kontrolle über das Spiel ausüben konnte, ergeben sich durch Kölns Umstellung in der zweiten Halbzeit wesentlich mehr Räume. So konnte Leverkusen in der zweiten Halbzeit bei Pässen im Angriff den totalen Raumanteil von 33,09 % auf 48,09 % in der Angriffszone und von 11,09 % auf 29,02 % im Strafraum erhöhen.

13. Spieltag, Sa.(29.11.2014), Bayer 04 Leverkusen gg. 1. FC Köln
(4-2-3-1) **5:1** (4-4-2)

Abb. 16.3 Aufstellung des 1. FC Köln ab der 69. Minute

Individuelle Spielerleistungen

Um einen Ausblick in die Spieler-bezogene Leistungsanalyse zu geben, betrachten wir an dieser Stelle – auch im Hinblick auf die mannschaftstaktische Ausrichtung – die durchschnittlich überspielten Positionen sowie die *Druckeffizienz* der zum Einsatz gekommenen Akteure.

Die **Druckeffizienz** ist eine Erweiterung des Indikators der überspielten Positionen, welche besonders bei der Evaluation individueller Leistung sinnvoll ist. Dabei werden alle Pässe eines Spielers, welche mindestens einen Gegenspieler überspielen, gewichtet: Zum einen mit dem Druck, welcher der nächststehende Gegenspieler auf den Passgeber ausübt, zum anderen mit dem Raum, welchen der Passempfänger nach erfolgreicher Annahme zur Verfügung hat. Der Wert misst also die Fähigkeit eines Spielers, unter Bedrängnis effiziente Offensivpässe zu spielen. Eine detaillierte Auseinandersetzung mit diesem Thema bietet Kap. 17.

In der ersten Halbzeit wirkte sich vor allem die schnelle Überbrückung des Mittelfeldes auf die Leistungswerte der Domstädter aus. Durch die langen Bälle aus der Abwehr blieben besonders die Mittelfeldspieler beim Spielaufbau entsprechend unauffällig. Auch durch den großen Druck der Leverkusener auf die Kölner Verteidiger erzielten diese die besseren Werte. Besonders auffällig waren dabei Hector und Wimmer, Letzterer erzielte die Topwerte für Druckeffizienz (4,24) und überspielte mit seinen Pässen durchschnittlich zwei Gegenspieler. Zum Vergleich: Svento steht mit einer Druckeffizienz von 0,43 und −1 überspielten Positionen (Positionsverlust) am anderen Ende der Liste.

In der zweiten Halbzeit nehmen die hohen Werte für Kölns Verteidiger ab. Nur Maroh (Druckeffizienz 3,76) und Olkowski (überspielt im Schnitt 2,5 Gegenspieler) stechen heraus, ein Zeichen, dass besonders effektive Spielzüge vermehrt über die rechte Seite entwickelt wurden. Insgesamt stagnierte aber auch das Mittelfeld bei vergleichsweise niedrigen Werten, Köln schaffte es nur selten, gefährlich vor das Leverkusener Tor zu kommen.

Im Vergleich zum Gegner überzeugte Leverkusen vor allem durch enorm gute Werte der Druckeffizienz. Den Topwert erzielt Spahic in der zweiten Halbzeit (5,9), auch im Durchschnitt ist die Werkself effizienter im Spiel nach vorne. Besonders die beiden Außenverteidiger überspielten im internen Vergleich deutlich mehr Gegenspieler.

Durch das kompakte Verteidigen des Gegners hatte Bayer lange Zeit Schwierigkeiten, sich gute Torchancen zu erspielen. Immer wieder versuchte die Mannschaft, im Angriffsdrittel über die Außenbahnen zu spielen und so die kompakte Zentrale der Kölner zu umgehen. So besticht Boenisch neben einer hohen Druckeffizienz auch mit durchschnittlich 1 beziehungsweise 1,8 überspielten Gegenspielern pro Pass in Halbzeit eins und zwei – Topwert. Und auch Hilbert überwand mit seinen Pässen in Halbzeit eins im Schnitt 0,85 Kölner. Der Mittelwert der Mannschaft hingegen liegt lediglich bei 0,22.

Drei ausgewählte Spielsituationen

Spielsituation 1

Besonders in der Schlussviertelstunde wurde Leverkusen immer wieder zu Kontern eingeladen. Exemplarisch in der 84. Spielminute, als ein Abstoß von Horn in der eigenen Hälfte per Kopfball abgefangen werden konnte. Castro konnte im direkten Gegenzug sechs sich noch in der Vorwärtsbewegung befindende Gegenspieler überspielen. Mit einem zusätzlichen Raumgewinn

Abb. 16.4   Spielsituation 1 (DFL). In dem Video werden zwei Beispielszenen aus der Bundesliga genauer unter die Lupe genommen.

von 10 Prozentpunkten in der Angriffszone resultierte der Pass in einer vielversprechenden Zwei-gegen-zwei-Situation (Abb. 16.4).

Spielsituation 2

Ein effektives Mittel, das Kölner Defensivbollwerk zu knacken, waren Leverkusener Doppelpässe, in denen der ballabgebende Spieler explosiv in den freien Raum startete, um den Ball dort wieder zu empfangen. So geschehen in der 35. Spielminute: Bender spielte nach einem Einwurf den Ball zurück auf die Außenbahn, nahm mit diesem Pass in den Zwischenraum bereits einen direkten Gegenspieler aus dem Spiel. Mit diesem relativ simplen Pass auf Son verdoppelten die Spieler von Bayer ihren Zugriff in der Angriffszone um 10,3 Prozentpunkte auf insgesamt 20,8 %. Bender zog dabei Gegenspieler aus der Zone und schaffte so den Raum, welchen Son in der Folgeaktion nutzen konnte. Son, bereits in der Angriffszone, hatte genügend Platz, den Ball anzunehmen und in Richtung Tor aufzudrehen. Köln versuchte anschließend, auf den ballführenden Spieler zu schieben, und nahm dadurch den Angreifern wiederum 4 Prozentpunkte in der Angriffszone ab.

Durch das Aufrücken gewann Leverkusen jedoch Raum im Strafraum hinzu (1,1 Prozentpunkte). Son spielte dann den Doppelpass mit Bellarabi, mit einem interessanten Effekt: Während der erste Pass drei Gegenspieler überspielte, aber kein Raum gewann, ist bei Bellarabis Rückspiel genau das Gegenteil der Fall. Die vergleichsweise kurze Rückgabe überspielte keinen weiteren Gegenspieler, verschaffte den Leverkusenern jedoch beachtliche Raumgewinne, nämlich 5,8 Prozentpunkte im Angriff und 3,7 Prozentpunkte im Strafraum.

Es gelang also, mit dem ersten, auslösenden Pass eine Abwehrreihe auszuhebeln. Danach bewegte sich Son so geschickt ohne Ball, dass er bei Ballannahme den kompletten Raum vor sich frei hatte und in den Strafraum eindringen konnte. Entscheidend hierbei war vor allem das Timing, welches beim kurzen, horizontalen Pass von Bellarabi genau stimmte (Abb. 16.5a, b).

Abb. 16.5   a, b Spielsituation 2. (DFL)

Spielsituation 3

Eine Situation aus der 53. Spielminute zeigt, welche Auswirkungen eine kleine Spielverlagerung, ausgelöst durch einen langen, horizontalen Pass, haben kann (Abb. 16.6). Dabei lockte Spahic, ca. 10 m in der gegnerischen Spielfeldhälfte, mit einer unsauberen Ballannahme die mittlere Abwehrreihe von Köln aus dem Defensivverbund. Es gelang ihm daraufhin jedoch, den ungefähr 15 m weiter rechts positionierten Lars Bender anzuspielen. Durch die herausrückende Bewegung des Kölner Mittelfeldes entstand ein großer Zwischenraum zwischen Abwehr und Mittelfeld, in welchem sich zu diesem Zeitpunkt alle drei offensiven Mittelfeldspieler Leverkusens befanden. Die Kontrolle in der Angriffszone nahm mit diesem Pass von 14,6 auf 22,3 % zu.

Auch im Strafraum gab es eine Veränderung. Durch die kleine Seitenverlagerung und das herausrückende Mittelfeld Kölns sah sich die Abwehrkette gezwungen, sich dementsprechend zu orientieren. Sie rückten raus, um den Abstand zwischen den Reihen möglichst gering zu halten, und schoben auf die Seite von Bender. Dadurch entstand im Rücken der Abwehr ein Freiraum für Drmic, welcher bis in den Strafraum hineinragte. Für einen kurzen Moment kontrollierte Leverkusen 11,9 % des Strafraums statt wie vor dem Pass lediglich 0,2 %. Leverkusen spielte den Angriff anschließend weiter über die rechte Außenseite und die Verteidigung des FC schaffte es, die Lücken wieder zu schließen. Der freie Raum für Drmic und auch Boenisch auf der linken Außenbahn wären zuvor effektive Anspielstationen für Bender gewesen – jedoch auch mit größerem Risiko verbunden.

Abb. 16.6 Spielsituation 3. (DFL)

17

Wen hätten Sie zur FIFA WM 2018 mitgenommen?

Die Qual der Wahl

Im Mai 2018 gab Bundestrainer Jogi Löw, wie üblich vor großen Turnieren, seinen Kader für die anstehende FIFA Fußball-Weltmeisterschaft in Russland bekannt (Abb. 17.1). Dafür haben er und sein Trainerteam zuvor viele Bundesliga- und Champions-League-Spiele gesichtet, um sich von allen potenziellen Kandidaten einen Eindruck zu machen. Auch wird er sich physiologische Daten wie Sprints oder Laufleistung sowie qualitative Spielleistungen von seinen Scouts und Spielanalysten um Urs Siegenthaler, Christofer Clemens und Dr. Stephan Nopp besorgt und intensiv studiert haben. Basierend auf diesen Eindrücken, vielleicht auch im Zusammenspiel mit seinem Sportpsychologen, Dr. Hans-Dieter Herrmann, trafen er und sein Team eine Entscheidung und verkündeten sie in der Öffentlichkeit.

Die in den vorherigen Kapiteln bereits vorgestellten neuen KPIs auf der Basis von Positionsdaten , die in Sekundenschnelle ausgewertet werden können, bieten nun eine weitere Möglichkeit zur individuellen Evaluation einzelner Spielerleistungen. Dies hat sich in den vergangenen Kapiteln bereits angedeutet und soll nun weiter erklärt werden. Dafür wird der Fußballer zu einem gläsernen Spieler, von dem viele Leistungen, die er auf dem Platz zeigt, erfasst und gemessen werden können.

© Springer-Verlag GmbH Deutschland, ein Teil von Springer Nature 2019
D. Memmert, D. Raabe, *Revolution im Profifußball*,
https://doi.org/10.1007/978-3-662-59218-2_17

Abb. 17.1 Die deutsche Mannschaft vor dem Gruppenspiel gegen Mexiko bei der Weltmeisterschaft 2018. (© Christian Charisius/dpa/picture alliance)

Im Folgenden wollen wir uns noch einmal den KPI der überspielten Positionen anschauen, welchen wir bereits in Kap. 10 und 16 vorgestellt und diskutiert haben. Wenn man diesen erweitert, kann er, wie in Kap. 16 gesehen, zu einem Qualitätsmerkmal für erfolgreiche Pässe ausgebaut werden, und wir bezeichnen ihn als Druckeffizienz im Passspiel.

Die Druckeffizienz berechnet, wie effizient ein Spieler Gegenspieler unter Druck überspielen und der Ballempfänger dann den Ball ohne Druck kontrollieren kann. In die Berechnung fließen folgende drei Komponenten mit ein: Anzahl überspielter Gegenspieler, Druck durch nächststehenden Gegenspieler auf den Passgeber sowie auch auf den Passempfänger. Betrachtet wird der Durchschnitt aller Pässe, bei denen mindestens ein Gegenspieler überspielt wurde. Je höher der Koeffizient, desto effizienter und besser das Passspiel (Abb. 17.2).

Nun können Sie an einem kleinen Quiz teilnehmen. Wir zeigen Ihnen jeweils zwei Spieler für eine Position, und Sie können entscheiden, wer die höhere Druckeffizienz im Passspiel besitzt. Wollen wir starten? Wir haben Ihnen den Wert jeweils für die erste und zweite Halbzeit ausgewiesen. Die Positionsdaten hat uns freundlicherweise Prozone Sports GmbH – owned by STATS zur Verfügung gestellt.

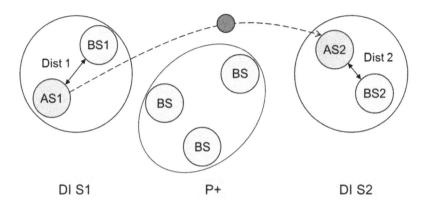

Abb. 17.2 Das Modell der Druckeffizienz . Berechnet wird der finale Wert nach der Formel: DEff = P+ sqrt(DIS2/DIS1)

Wen hätten Sie zur WM mitgenommen?

Welchen Außenverteidiger hätten Sie zur WM mitgenommen?
Abb. 17.3 und 17.4.

	Außenverteidiger:	
	Jonas Hector	Matthias Ginter
	Datentyp: Druckeffizienz	
1. HZ	3,04	1,88
2. HZ	1,7	1,71

Welchen Innenverteidiger hätten Sie zur WM mitgenommen?
Abb. 17.5 und 17.6.

	Innenverteidiger:	
	Mats Hummels	Jerome Boateng
	Datentyp: Druckeffizienz	
1. HZ	2,5	3,42
2. HZ	1,15	1,73

Welchen defensiven Mittelfeldspieler hätten Sie zur WM mitgenommen?
Abb. 17.7 und 17.8.

	Def. Mittelfeld:	
	Toni Kroos	Ilkay Gündogan
	Datentyp: Druckeffizienz	
1. HZ	3,25	2,66
2. HZ	2,42	1,74

Abb. 17.3   Jonas Hector (© Sebastian EL-SAQQA/firo Sportphoto/augenklick/picture alliance)

Abb. 17.4   Mathias Ginter (© Norbert Schmidt/picture alliance)

Abb. 17.5   Mats Hummels (© Andreas Gebert/dpa/picture alliance)

Abb. 17.6   Jerome Boateng (© Markus Ulmer/Pressebildagentur ULMER/picture alliance)

Abb. 17.7 Toni Kroos (© Sebastian El-Saqqa/firo Sportphoto/augenklick/picture alliance)

Abb. 17.8 Ilkay Gündogan (© Markus Ulmer/Pressebildagentur ULMER/picture alliance)

Welchen offensiven Mittelfeldspieler hätten Sie zur WM mitgenommen?
Abb. 17.9, 17.10 und 17.11.

	Off. Mittelfeld:		
	Marco Reus	Mesut Özil	Thomas Müller
	Datentyp: Druckeffizienz		
1. HZ	0,94	1,43	**4,57**
2. HZ	1,43	2,93	1,92

Abb. 17.9 Marco Reus (© Sebastian El-Saqqa/firo Sportphoto/augenklick/picture alliance)

Abb. 17.10 Mesut Özil (© Markus Ulmer/Pressebildagentur ULMER/picture alliance)

Abb. 17.11 Thomas Müller (© Markus Ulmer/Pressebildagentur ULMER/picture alliance)

18

Next-Gen-Spielanalyse

Ballbesitz oder Umschaltspiel?

Erinnern Sie sich noch an das Freundschaftsspiel zwischen Red Bull Salzburg und dem FC Bayern München am 18. Januar 2014 in der Salzburger Red Bull Arena? Damals traf der Startrainer Pep Guardiola auf den noch weitestgehend unbekannten Salzburger Trainer Roger Schmidt. Das Spiel endet für alle Beteiligte etwas überraschend mit 3:0 (Abb. 18.1). Obwohl es ein Freundschaftsspiel war, traf Guardiola später im Interview bemerkenswerte Aussagen:

> Der Gegner war besser als wir. Es war eine Lehre für uns (*Süddeutsche Zeitung* 2014).
>
> Es war eine sehr gute Lehre für unsere Rückrunde. Salzburg hat sehr gut mit und ohne Ball gespielt, herzlichen Glückwunsch. Viele Leute haben mir in unserem Trainingslager gesagt: ‚Die Bayern gewinnen eh immer, Bayern ist als großer Verein einfach zu gut für alle kleinen.' Aber: Wir können verlieren, das hat man heute gesehen. Ich bin also sehr zufrieden damit (*Focus online* 2014).
>
> Wir haben aus einem anderen Grund verloren. Wir haben einen großen Kader, das ist normal, dass jemand verletzt ist. Wir haben verloren, weil der Gegner besser war und auch wegen meiner Entscheidungen. Wir wollten heute eine Dreier- statt Viererkette probieren.

Dieses Spiel, bei dem München wie gewohnt viel Ballbesitz hatte und Salzburg auf sein Umschaltspiel vertraute, soll als Beispiel dienen, wie in Medien, an Stammtischen und sogar auf Trainersymposien die oft diskutierte Frage im

© Springer-Verlag GmbH Deutschland, ein Teil von Springer Nature 2019
D. Memmert, D. Raabe, *Revolution im Profifußball*,
https://doi.org/10.1007/978-3-662-59218-2_18

Abb. 18.1 Bayerns Thiago beim Testspiel gegen den FC Red Bull Salzburg, 2014. (© MIS/imago)

Raum steht, welche generelle Spielstrategie oder auch spezielle Spielprinzipien mit einer hohen Wahrscheinlichkeit zum Sieg führen. Diese Debatte lässt sich leicht an den beiden Polen „Ballbesitz" und „Umschaltspiel" festmachen. Mit herkömmlichen Videoanalysen konnten dazu schon einige Erkenntnisse zusammengetragen werden.

Sportwissenschaftler haben sehr viele Spiele aus verschiedenen europäischen Ligen untersucht und schauen sich den Zusammenhang zwischen Ballbesitzquote und Spielausgang beziehungsweise Torerfolg an (Bradley et al. 2013). Im Gegensatz zu älteren Untersuchungen legen aktuellere Studien und vor allem Analysen unter gemeinsamer Einbeziehung der Spiele aus der ersten italienischen, spanischen, deutschen, französischen und englischen Liga nahe, dass der Zusammenhang zwischen Ballbesitz und Spielausgang maßgeblich durch die besten Mannschaften einer Liga verursacht wird, wie der FC Bayern München in Deutschland oder der FC Barcelona in Spanien. Berücksichtigt man demnach die Stärke der Teams, findet man sogar einen leicht negativen Zusammenhang, das heißt, eher weniger Ballbesitz ist erfolgreicher. Dies wird durch weitere Analysen von Champions-League-Spielen erhärtet: Spielen die besten Teams in Europa gegeneinander, besitzt der Faktor Ballbesitz überhaupt keinen Einfluss auf das Endergebnis.

In diesem Zusammenhang sind wir oft auch daran interessiert, ob Teams, die eher viel oder wenig Ballbesitz in Spielen favorisieren, in ihrem Spiel unterschiedliche physische und technische Verhaltensweisen in Abhängigkeit von mit und ohne Ball zeigen. Sportwissenschaftler (Dellal et al. 2011) untersuchten dazu die Spieldaten von 810 Profis aus 54 Spielen und unterschiedlichen Positionen in der englischen Premier League. Überraschenderweise legten die Teams, die generell viel Ballbesitz hatten, im Vergleich zu den Teams mit wenig Ballbesitz eine 31 % höhere Laufdistanz in höchster Intensität mit Ball am Fuß zurück. Im Kontrast dazu war die Laufdistanz in höchster Intensität ohne Ball bei den Teams mit wenig Ballbesitz um 22 % höher als bei den Teams mit viel Ballbesitz.

Teams mit viel Ballbesitz hatten auch mehr erfolgreiche Pässe, Torschüsse, Dribblings und Balltransporte in das letzte Spielfelddrittel. Im Ballbesitz legten Innenverteidiger in den Teams mit wenig Ballbesitz 33 % weniger Laufdistanz in höchster Intensität zurück als die Innenverteidiger der Teams mit viel Ballbesitz. Während überraschenderweise alle andere Positionen in den Teams mit wenig Ballbesitz eine größere Laufdistanz in höchster Intensität ohne Ballbesitz verglichen mit den Positionen der Teams mit viel Ballbesitz zurücklegten, legten Außenverteidiger, Zentrums- und Flügelmittelfeldspieler mit Ballbesitz weniger Laufdistanz in höchster Intensität zurück als die Spieler der Teams mit viel Ballbesitz.

Die zurückgelegte Laufdistanz wird auch oft mit Ballbesitz beziehungsweise mit einem Erfolgskriterium in Verbindung gebracht. Wer den Ball nicht habe oder über ein schlechteres Positionsspiel verfüge, müsse mehr laufen (Abb. 18.2). Oder einfach formuliert: Wer viel läuft, gewinnt das Spiel?

Natürlich ist eine hohe Laufbereitschaft extrem wichtig im Spitzenfußball, aber als alleiniger Faktor, der für Sieg oder Niederlage verantwortlich ist, kann er nicht herangezogen werden. Sportwissenschaftler (Lago et al. 2010) haben nun die finale Gesamtlaufleistung der Mannschaften für Spiele aus der spanischen Liga mit dem Ausgang des Spiels und verschiedenen anderen Faktoren (Spielort, Qualität des Gegners) verglichen. Generell zeigt sich, dass die zurückgelegte Gesamtdistanz keinen Einfluss auf das Endergebnis hat. Dies ist nachzuvollziehen, denn bei einem 3:0-Vorsprung in der ersten Halbzeit wird die führende Mannschaft in den verbleibenden 45 min sicherlich nicht mehr jegliches läuferische Potenzial abrufen (müssen).

Weitere Ergebnisse zeigen: Heimteams legen eine größere Distanz zurück als Gastmannschaften, und je besser die Qualität des Gegners ist, desto größer ist die Gesamtlaufleistung des anderen Teams. Überraschenderweise zeigen Gewinnerteams weniger intensive Aktivitäten (Sprints in verschiedenen

Abb. 18.2 Real Madrids Sergio Ramos im Sprintduelle gegen Liverpools Sadio Mané, Champions League Finale 2018. (© Darko Vojinovic/AP Images/picture alliance)

Intensitäten) als Verliererteams und legen mehr Distanz mit Laufen und Jogging zurück, was den Schluss zulässt, dass die Spieler nicht immer ihre maximalen physischen Möglichkeiten abrufen, sondern diese in Abhängigkeit des Spielstands dosiert einsetzen.

Umgekehrt ist es dann nur einleuchtend, dass zurückliegende Mannschaften mehr investieren, um den aus ihrer Sicht unbefriedigenden Spielstand zu verändern. Diese Ergebnisse können mit einer Statistik aus der Spielzeit 2015/2016 aus der Bundesliga abgerundet werden. Bayern München lief am wenigsten, wurde aber souverän deutscher Meister.

Schauen wir uns das andere Extrem an, das Umschaltspiel. Ein gutes Beispiel ist hier sicherlich RB Leipzig (Abb. 18.3). Warum?

Die Grundidee von Leipzig, Salzburg, aber auch von Roger Schmidt in Leverkusen ist ein frühzeitiges Pressing in der gegnerischen Hälfte, um Ballverluste des Gegners in Tornähe zu provozieren und blitzschnell umzuschalten. Da sich alles auf den Ballgewinn konzentriert, steht das Defensivverhalten über allem. Dieser Ansatz war ursprünglich das radikale Gegenteil des Ballbesitzfußballs. Heute wird dieser Stil im Gegensatz zum Ballbesitzfußball durch die Faktoren kurze Ballbesitzphasen, weniger angekommene Pässe, aber eine größere Gesamtdistanz von Kilometern intensiver Läufe gekennzeichnet.

Abb. 18.3 Intensives Duell: Leipzig gegen Salzburg in der Europa League, 2018. (© Weller/Fotostand/picture alliance)

Dieser Spielmechanismus wird am besten durch den Satz charakterisiert: „Die Wahrscheinlichkeit, dass man Tore schießt, ist höher, wenn man nicht den Ball hat." Das hört sich für viele Fußballer zunächst widersinnig an. Aber unsere Erhebungen haben gezeigt, dass diese Aussage stimmt.

In einer Untersuchung des Erstautors mit Daten der Spielzeit 2010/2011 zeigte sich Folgendes: Teams hatten signifikant mehr Torchancen, je schneller sie den Ball zurückgewinnen konnten. Insbesondere dann, wenn der Ball im Mitteldrittel und gegnerischen Abwehrdrittel gewonnen werden konnte. Mit einem geordneten Spielaufbau benötigt man deutlich mehr Pässe, um in den gegnerischen Strafraum zu gelangen und Torchancen zu generieren. Zusätzlich konnte der Ball dann signifikant schneller zurückerobert werden, je mehr in der Ballbesitzphase des Gegners gesprintet wurde. Exemplarisch kann dies am damaligen deutschen Meister Borussia Dortmund gezeigt werden (Abb. 18.4 und 18.5).

Der Hauptvorteil ist, dass man bis zum Torabschluss viel weniger Raum und Gegenspieler überwinden muss, wenn man den Ball bereits in der gegnerischen Hälfte erobert. Und das Modell ist entgegen der landläufigen Annahme gar nicht so schwer zu trainieren. Bei Ballbesitzfußball gehört noch mehr Kreativität des Trainers und der Spieler dazu (Memmert 2011, 2015). Sie müssen schnell handeln, gut antizipieren, brauchen gute Wahrnehmungsfähigkeit.

Abb. 18.4 Umschalten nach Ballgewinn: Borussia Dortmund in der Saison 2010/11. (© firo Sportphoto/augenklick/picture alliance)

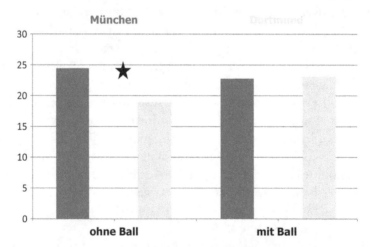

Abb. 18.5 Dass Dortmund in der Spielzeit 2010/2011 deutscher Meister wurde, hat es vor allem dem sehr guten Pressingverhalten (ohne Ball) zu verdanken. Dies war signifikant besser als das des FC Bayern München. (Eigene Abbildung)

Auf Basis von Positionsdaten wird es in Zukunft differenzierter möglich sein, die Frage der Effizienz von Positionsspiel und Umschaltspiel zu beantworten. Unsere ersten Analysen mit Voronoi-Zellen, die genauer im Kap. 9 vorgestellt wurden, zeigen als erste Antwort schön, dass ein wichtiger Parameter, nämlich Raumkontrolle, auch dafür spricht, dass es ein spannendes Kopf-an-Kopf-Rennen zwischen beiden Spielphilosophien geben wird.

Zurzeit analysiert die Arbeitsgruppe am Institut für Trainingswissenschaft und Sportinformatik der Deutschen Sporthochschule Köln kreative Lösungen mittels dynamischer neuronaler Netze auf der Basis von Positionsdaten als Inputvariablen. Die Idee ist, dass die Originalität einer Aktion durch die Qualität eines korrespondierenden Neurons ausgedrückt wird: Hohe Originalität geht mit niedriger Frequenz und einem hoch gewichteten Qualitätsneuron einher und umgekehrt. Im Rahmen von Vorstudien (Grunz et al. 2012) wurde der DyCoNG-Ansatz weiterentwickelt, um spontane kreative Lösungen basierend auf freien Assoziationen (z. B. „Sprünge" zwischen Neuronen s. Abb. 18.6 zu simulieren. Diese sollten die Erkennung und die Simulation der kreativen Aktionen in komplexen Spielen wie Fußball erleichtern. Die wesentliche Frage besteht darin, ob und wie ein optimierter Einsatz kreativer Lösungen die taktische Leistung eines Teams verbessern kann.

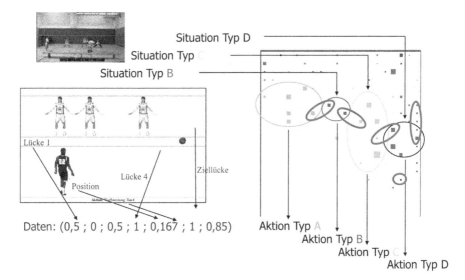

Abb. 18.6 Entdeckung kreativer Handlungen in Spieldaten. Identifikation kreativer Lösungen aus über 100.000 Kombinationen mithilfe von neuronalen Netzen. Dargestellt sind neben der Spieltestsituation (links oben) und den daraus resultierenden Daten eine zweidimensionale Projektion eines trainierten DyCoNG, welches von den markierten Neuronen repräsentiert wird, vernetzt mit Bündeln (markiert durch schmale Linien), assoziativen „Sprüngen" zwischen Bündeln (fett gepunktete Linien) und generierten Qualitätsneuronen (fette Linie)

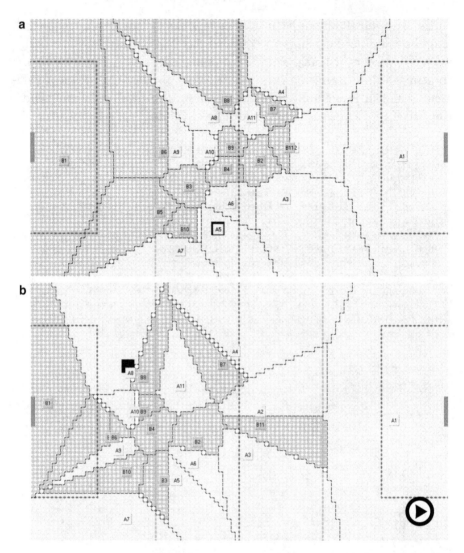

Abb. 18.7   a, b Darstellung der Raumkontrolle eines jeden Spielers nach einem Konter im Anschluss einer Ecke über Spieler A5 über die linke Seite und seine Weiterentwicklung

Schauen wir uns zunächst beispielhaft den zeitlichen Prozess des Konters an. Team A spielt einen Konter nach Ecke über Spieler A5 über die linke Seite (Abb. 18.7a). Vorne im Zentrum zieht der Spieler A9 auch auf die rechte Seite, zieht B6 mit sich und bindet zwei Verteidiger. Dadurch erhält die Mannschaft 39,7 % Raumkontrolle im Angriffsbereich vor dem gegnerischen Tor und im Strafraum 3,0 %. Außerdem schafft A9 jetzt im Rücken Platz für A10 und A8, Zweiterer wird von den Außen bedient (Abb. 18.7b;

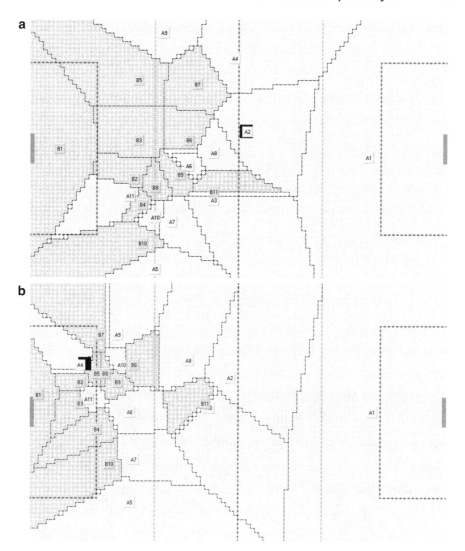

Abb. 18.8 a, b Darstellung der Raumkontrolle eines jeden Spielers nach einem strukturierten Angriff über die Flügel und abschließendem Schnittstellenpass

RK30 = 49,5 %; RK16 = 18,1 %) und kann frei vor dem Tor abschließen. Man erkennt unterschiedliche Raumkontrollwerte im 30 m-Bereich und im Strafraum.

Wie sieht es mit dem Positionsspiel aus? In Abb. 18.8a sieht man den Ausgangspunkt eines gut strukturierten Angriffs über die Flügel. Beim Schnittstellenpass in Abb. 18.8b hat A10 den Ball und spielt ihn durch die Gasse auf den einlaufenden A4 (RK30 = 45,3 %; RK16 = 19,4 %). Mit viel Platz trifft dieser trocken ins lange Eck. Es ist empirisch bislang noch nicht klar, ob Ballbesitzfußball oder Pressing-Gegenpressing mehr Raumkontrolle bewirkt. Erst wenn sich die Trainer geeinigt haben, was genau ein Konter ist, können Informatiker beginnen, dies zu programmieren.

In Zukunft wird man auch im großen Stil, also mit Big Data, die verschiedenen europäischen Ligen hinsichtlich der Spielphilosophie miteinander vergleichen können; dazu werden aktuell verschiedene neue sportinformatische Ansätze entwickelt (Brefeld et al. 2016). Es gibt bereits vereinzelte Studien, die aber in der Regel nicht auf Positionsdaten aufgebaut sind, sondern in denen als Datenmaterial vielmehr Videomitschnitte herangezogen werden. Exemplarisch sollen an dieser Stelle zwei Ergebnisse beschrieben werden (Abb. 18.9 und 18.10).

Gibt es beispielsweise Unterschiede in der Passstatistik zwischen der Premier League und der Primera Division? Eine international publizierte Studie (Dellal et al. 2011) schildert eine Analyse aus 600 Spielen in der Spielzeit 2006 bis 2007, bei denen 5938 Sequenzen einzeln untersucht wurden. Dazu wurden beispielsweise die Anzahl der erfolgreichen Pässe und die Anzahl der Passkontakte differenziert nach bestimmten Spielpositionen (Innenverteidiger, Außenverteidiger, defensive Mittelfeldspieler etc.) der beiden Ländern

Abb. 18.9 Uniteds Paul Pogba und Sevillas Ever Banega im Zweikampf, Champions League Achtelfinale, 2018. (© John Walton/EMPICS Sport/empics/picture alliance)

Abb. 18.10   Chelseas Eden Hazard und Saúl Ñíguez von Atlético Madrid, Champions League Gruppenphase, 2017. © Jorge Gonzalez/Pacific Press/picture alliance)

ausgewertet. Anders als ab und an behauptet, gibt es deutlich mehr Ähnlichkeiten als Unterschiede zwischen beiden Ligen.

Beispielsweise liegt die Quote der erfolgreichen Pässe zwischen 70 % und 81 % (Ligen-unabhängig), und es zeigt sich auch kein positionsspezifischer Unterschied bezüglich der Passquote zwischen beiden Ligen, mit einer nicht überraschenden Ausnahme: Die Stürmer in der Primera Division haben eine größere Erfolgsquote beim Passen als die Stürmer in der Premier League, die die schlechtesten, auch im Vergleich mit allen anderen Spielerpositionen, haben. Äußere Mittelfeldspieler der Premier League haben mehr Ballkontakte pro Ballbesitz als äußere Mittelfeldspieler in La Liga, während die Stürmer in der spanischen Liga mehr Ballkontakte pro Ballbesitz haben als die in der englischen Liga.

Gibt es darüber hinaus objektive Unterschiede zwischen der spanischen und der englischen Liga hinsichtlich Laufen und Sprinten? Laut der Studie (Dellal et al. 2011) nicht wirklich. Zunächst und bemerkenswert zeigt sich kein Unterschied in der gesamten Laufdistanz der Teams zwischen beiden Ligen. Auch differenziert nach bestimmten Spielerpositionen (Innenverteidiger, Außenverteidiger, defensive Mittelfeldspieler, etc.) laufen Spieler in englischen Teams nicht mehr als Spieler in spanischen Teams.

Aber Spieler in der Premier League legen eine größere Distanz im hohen (das bedeutet die Geschwindigkeit liegt zwischen 21 und 24 km/h) und sehr hohen Sprintbereich (Geschwindigkeit liegt über 24 km/h) zurück als Spieler in der Primera Division, unabhängig von der Spielerposition. Übrigens sprinten in beiden Ligen die Defensivspieler gegen den Ball mehr, und mit dem Ball sprinten die offensiven Spieler eine größere Distanz.

Das Fazit lautet also: Nicht wie medial ab und an dargestellt, spielt die Quantität der Gesamtlaufdistanz eine entscheidende Rolle zwischen englischer und spanischer Liga, sondern vielmehr die Qualität der zurückgelegten Distanz, also beispielsweise das Lauftempo der Spieler (Abb. 18.11).

Interview Stefan Wagner, SAP

Stefan Wagner ist Diplom-Ökonom mit Schwerpunkt Marketing und hat außerdem das Sloan Executive Education Program des Massachusetts Institute of Technology (MIT) absolviert (Abb. 18.12). Aktuell arbeitet er im Hauptsitz der SAP SE in Walldorf und ist bei SAP weltweit für die Sport & Entertainment-Branche verantwortlich. In seiner aktuellen Rolle als Global General Manager für den Bereich Sport & Entertainment liegt Wagners

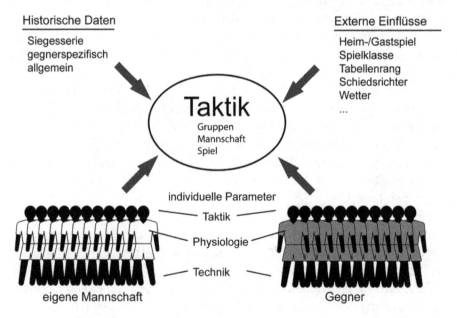

Abb. 18.11 Überblick über Faktoren, die Taktiken im Fußball beeinflussen. (Übersetzt aus Rein und Memmert 2016)

Abb. 18.12   Stefan Wagner, SAP. (© S. Wagner)

Fokus auf der Stärkung des Vertriebs von Sport- und Entertainmentlösungen. Durch intensiven Kontakt mit internationalen Spitzenkunden und zahlreichen Koinnovationsprojekten unterstützt sein Team den nachhaltigen Aufbau dieses noch jungen Industriezweigs der SAP. Von zentraler Bedeutung ist dabei die enge Zusammenarbeit mit den Teams aus der Entwicklung.

Warum wird die Analyse von Positionsdaten den Leistungsfußball revolutionieren?
Die Analyse von Positionsdaten wird das immer schneller werdende Spiel taktisch lesbarer und erklärbarer machen und ist besonders für zwei Zielgruppen relevant:

1. Medien – denn Fußball ist ein medialer Sport und dieses Wissen ist für die Vermarktung und Übertragung ein elementarer Baustein.
2. Die sportlichen Leitungen, um die nötigen Entscheidungen zum optimalen Spielsystem für das kommende Wochenende zu treffen.

Durch die Analyse von Positionsdaten in Echtzeit wird es in Zukunft auch möglich sein, *während* des Spiels direkten Einfluss auf das Spielgeschehen zu nehmen. Dies wird sich auf die Taktik der gesamten Mannschaft, sowohl im Angriff als auch in der Defensive, aber auch auf die einzelnen Spieler auswirken. Durch den Einsatz von mobilen Endgeräten am Spielfeldrand in Verbindung mit Sensoren bleibt nichts mehr im Verborgenen, was dem Trainerteam eine viel schnellere und gezieltere Analyse mit entsprechenden Handlungsempfehlungen ermöglicht.

Wie sehen Analyseprodukte auf der Basis von Positionsdaten aus, die wir uns heute nur in Ansätzen vorstellen können?
Die Analyse von Positionsdaten im Fußball verlangt nach neuen Verfahren und Methoden, um die Dynamik des Spiels abzubilden. Dafür bieten neue Machine-Learning-basierte Verfahren und Virtual Reality erste vielversprechende Ergebnisse. Eine große Herausforderung wird es sein, die komplizierte Analyse so aufzubereiten, dass sie vom Trainerteam nutzbar ist. Analyseprodukte müssen somit zum einen eine intuitive und flexible User Experience bieten und zum anderen auf komplexe lernende Algorithmen aufbauen, die einen Mehrwert in der Spielnachbereitung und -vorbereitung geben.

Interview mit Johannes Holzmüller, FIFA Head of Football Technology Innovation

Johannes Holzmüller arbeitet seit 2008 für den Fußball-Weltverband FIFA in Zürich (Abb. 18.13). Dort leitet er die Abteilung Fußballtechnologie und Innovation, die nach der erfolgreichen Implementierung der Torlinientechnologie im Jahr 2016 erschaffen wurde. In enger Zusammenarbeit mit dem

Abb. 18.13 Johannes Holzmüller, FIFA Head of Football Technology Innovation. (© J. Holzmüller)

IFAB (verantwortlich für die Spielregeln) analysiert sein Team neue Innovationen, wie beispielsweise den Videoassistenzschiedsrichter oder die Nutzung von Positionsdaten von Spielern, und entwickelt entsprechende globale Standards für den Fußball. Vor seiner Zeit beim Weltverband arbeitete er als Mitarbeiter der Sportrechteagentur Lagardère (ehemals SPORTFIVE) für verschiedene Fußballvereinen in Deutschland.

Welchen Einfluss haben Positionsdaten bei der Goal-Line Technology?
Die aktuell im Markt aktiven GLT-Systeme arbeiten mit Positionsdaten des Balls und einer kalibrierten Torlinie. Dabei wird durch die exakte Positionsbestimmung des Balls mithilfe von bis zu sieben Highspeedkameras pro Spielhälfte die Bestimmung „Tor oder nicht Tor" mit einer Genauigkeit von unter 1,5 cm gewährleistet. Hat der Ball die Torlinie überschritten, so wird die Information „Tor" innerhalb einer Sekunde auf der GLT-Uhr des Schiedsrichters sicht- und spürbar dargestellt.

Welche innovativen Analyseansätze können Sie sich auf der Basis von Positionsdaten in der nahen Zukunft vorstellen?
Die Torlinientechnologie hat gezeigt, dass Positionsdaten sinnvoll zum Wohle des Spiels eingesetzt werden können. Durch die Kombination aus visueller Information, Trackingdaten und dem Faktor Zeit lassen sich interessante Innovationen für die verschiedensten Bereiche im Fußball entwickeln. Dies zeigt sich am Beispiel des aktuellen Video-Assistant-Referees-Projekts. Bei diesem Experiment werden die zur Verfügung stehenden TV-Bilder mit Positionsdaten kombiniert, um die besten Kameraperspektiven in der schnellstmöglichen Zeit den Videoassistenzschiedsrichtern zur Verfügung zu stellen. Generell ist es ratsam, neue Ideen im Detail zu analysieren und zu testen, da nicht jede Innovation automatisch eine Verbesserung des Spiels für die Spieler und Schiedsrichter, aber vor allem auch für die Fans mit sich bringt.

Was kommt nach Ballbesitz oder Umschaltspiel?

An diesen Ausführungen kann man deutlich ablesen, dass viele verschiedene Faktoren in der modernen Spielanalyse eine Rolle spielen werden. Dies führt uns direkt zur Spielanalyse 5.0, bei welcher zukünftig eine ganze Reihe von Daten aus den verschiedenen Bereichen integriert wird (Abb. 18.14). Denn im Moment ist noch völlig unklar, wie man die Bereiche historische Daten, eigenes und gegnerisches Team sowie externe Variablen wie Schiedsrichter, Wetter etc. mit taktischen Informationen auf den

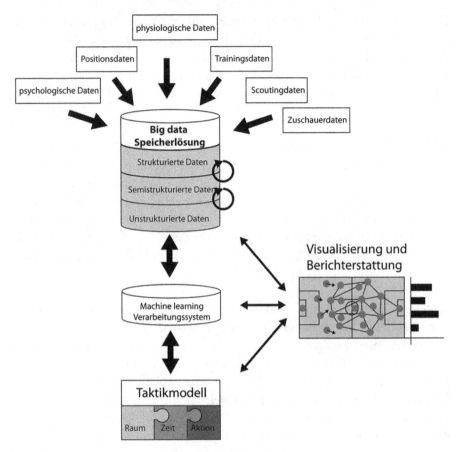

Abb. 18.14 Big-Data-Technologie und deren Bedeutung für taktische Analysen im Profifußball. (Übersetzt aus Rein und Memmert 2016)

drei Ebenen Individual-, Gruppen- und Mannschaftstaktik kombinieren kann (Garganta 2009; Glazier 2015).

Es fehlt zum Beispiel Wissen darüber, wie spieltaktische Gruppenformationen mit individuellen technischen und taktischen Fertigkeiten interagieren. Selbstverständlich beinhalten verschiedene Positionen auf dem Feld (beispielsweise Innenverteidiger, Stürmer) unterschiedliche physiologische und auch psychologische Anforderungen. Es fehlen Studien, die diese Informationen in Verbindung mit taktischen Formationen mit und gegen den Ball diskutieren und untersuchen (Carling et al. 2008; Rein und Memmert 2016).

Um solche Analysen durchführen zu können, wird in Abb. 18.14 ein Modell vorgeschlagen, das in verschiedenen Ebenen organisiert ist (Rein und Memmert 2016). Zunächst muss die notwendige Infrastruktur bereitgestellt werden, damit verschiedene Informationen (unter anderem Scoutingdaten,

Coachingdaten, physiologische Daten, Trackingdaten, Videodaten, psychologische Daten) gesammelt werden können. Datenbanken müssen entwickelt werden, in denen die Informationen sicher, effizient und differenziert gespeichert und zur Verfügung gestellt werden können.

Schließlich muss eine Prozesspipeline in der Lage sein, relevante Informationen aus diesen verschiedenen Daten zu extrahieren, um erklärende Modelle, aber auch Vorhersagemodelle zu entwickeln (Coutts 2014). Auf allen Ebenen muss es möglich sein, die Daten auszulesen und zu visualisieren. Dazu bedarf es Speicherkapazitäten, um die unterschiedlichen Prozesse zu beobachten und die Ergebnisse weiterzugeben.

In der Zukunft wird man auf der Basis von Positionsdaten aktuelle Daten aus verschiedenen Bereichen (Physiologie, Psychologie, Bewegungswissenschaft) sehr schnell nach entsprechenden KPIs analysieren können und nicht Jahre lang warten müssen, bis die Ergebnisse aus verschiedenen europäischen Ligen in wissenschaftlichen Zeitschriften publiziert werden.

Zudem wird man viel mehr Spiele in die Analyse mit einbeziehen können und so zu belastbareren Ergebnissen kommen. Auch können durch die größere Anzahl der Spiele die Variabilität und zunehmende Flexibilität der Teams besser berücksichtigt werden. Dies wird zu einer weltweiten Revolution im Nachwuchs- und Profiscouting führen, neue Spielphilosophien entstehen lassen und die taktischen Varianten im Profifußball nochmals auf eine höhere Ebene heben.

Literatur

Bradley, P. S., Lago-Peñas, C., Rey, E., & Gomez Diaz, A. (2013). The effect of high and low percentage ball possession on physical and technical profiles in English FA Premier League soccer matches. *Journal of Sports Sciences, 31*, 1261–1270.

Brefeld, U., Knauf, K., & Memmert, D. (2016). Spatio-temporal convolution kernels. *Machine Learning, 102*(2), 247–273.

Carling, C., Bloomfield, J., Nelsen, L., & Reilly, T. (2008). The role of motion analysis in elite soccer: Contemporary performance measurement techniques and work rate data. *Sports Medicine, 38*(10), 839–862.

Coutts, A. J. (2014). Evolution of football match analysis research. *Journal of Sports Science, 32*(20), 1829–1830. https://doi.org/10.1080/02640414.2014.985450.

Dellal, A., Chamari, K., Wong, D. P., Ahmaidi, S., Keller, D., Barros, R., Carling, C., et. all (2011). Comparison of physical and technical performance in European soccer match-play: FA Premier League and La Liga. *European Journal of Sport Science, 11*, 51–59.

Garganta, J. (2009). Trends of tactical performance analysis in team sports: Bridging the gap between research, training and competition. *Revista Portuguesa de Ciências do Desporto, 9,* 81–89.

Glazier, P. S. (2015) Towards a Grand Unified Theory of sports performance. *Human Movement Science* (im Druck).

Grunz, A., Memmert, D., & Perl, J. (2012). Tactical pattern recognition in soccer games by means of special self-organizing maps. *Human Movement Science, 31,* 334–343.

Lago, C., Casais, L., Dominguez, E., & Sampaio, J. (2010). The effects of situational variables on distance covered at various speeds in elite soccer. *European Journal of Sports Sciences, 10,* 103–109.

Memmert, D. (2011). Sports and creativity. In M. A. Runco & S. R. Pritzker (Hrsg.), *Encyclopedia of creativity* (S. 373–378). San Diego: Academic.

Memmert, D. (2015). *Teaching tactical reativity in team and racket sports: Research and practice.* Abingdon: Routledge.

Rein, R., & Memmert, D. (2016). Big data and tactical analysis in elite soccer: Future challenges and opportunities for sports science. *SpringerPlus, 5*(1), 1410. https://doi.org/10.1186/s40064-016-3108-2.

19

Taktikforschung am Pool

Man stelle sich folgendes Bild vor: Ein Bundesligatrainer sitzt nach einer erfolgreichen Spielzeit am Pool, kann nicht wirklich abschalten und denkt darüber nach, welche taktischen Spielprinzipien er in der neuen Spielzeit mit seiner Mannschaft trainieren muss, um die anderen Teams erneut zu überraschen. Plötzlich hat er eine Idee und ruft die Sportwissenschaftler in Köln an: „Ich glaube, dass wir mit den taktischen Spielprinzipien XY noch mehr Raum im letzten Drittel und im Strafraum kontrollieren können. Damit werden wir mehr Tore erzielen. Stimmt das?" Die Sportwissenschaftler machen sich sofort daran, die U19 des Vereins als Probanden zu rekrutieren, die sich daraufhin am Nachmittag einfindet. Die neuen taktischen Spielprinzipien XY werden gegen die traditionellen Spielprinzipien UVW getestet, Positionsdaten erfasst und direkt mit ©SOCCER ausgewertet. Am gleichen Tag ruft der Sportwissenschaftler beim Abendessen an und muss bedauerlicherweise mitteilen, dass sich durch die neue Maßnahme keine taktischen Leistungsindikatoren verändert haben. Ist dies ein realistisches Szenario? Ja, wie gleich gezeigt wird. Heutzutage geht die Datenerfassung sehr schnell (also auf der Basis von Positionsdaten) und die Datenauswertung (basierend auf ©SOCCER) ebenfalls.

Elektronisches Zusatzmaterial Die Online-Version dieses Kapitels (https://doi.org/10.1007/978-3-662-59218-2_19) enthält Zusatzmaterial, das für autorisierte Nutzer zugänglich ist.

Experimente auf dem Fußballplatz

Schon heute kann uns die Sportwissenschaft mithilfe der datengestützten Spielanalyse tiefe Einblicke in die Wirkungsweise taktischer Leistung im Fußball geben. Einige haben wir ausgiebig in diesem Buch kennengelernt. Jeden Monat erscheint, beschleunigt durch die stetig wachsende Verfügung der Spieldaten, eine Vielzahl von neuen wissenschaftlichen Publikationen zu diesem Thema. Neue Leistungsindikatoren werden vorgeschlagen und verschiedene taktische Leistungen miteinander verglichen, oft im Hinblick auf den Spielausgang. Doch über all diesen Veröffentlichungen schwebt die Frage, welche Rückschlüsse sich letztlich für die Sportpraxis ziehen lassen. Obwohl es dieser Fundus aus gesicherten Erkenntnissen ermöglicht, Unterschiede zwischen erfolgreichen und nicht erfolgreichen Leistungen zu ermitteln, bleibt zuweilen unklar, aus welchem Grund diese Leistungen erbracht werden konnten.

Das hier geschilderte Problem ist eine grundlegende und stets wiederkehrende Frage aller empirischen Wissenschaften, nämlich jener Frage nach dem Zusammenhang zwischen Korrelation (Wer besser spielt, kontrolliert mehr Raum) und Kausalität (Wer besser spielt tut dies, *weil* er mehr Raum kontrolliert). Es ist leicht, Letzteres aus Ersterem zu folgern – doch im Allgemeinen ein Trugschluss. Nur unter gewissen Voraussetzungen kann man sich, im wissenschaftlichen Sinne, wirklich sicher sein, dass gewisse Faktoren den sportlichen Erfolg tatsächlich bedingen anstatt lediglich zu begleiten. Abhilfe schafft das vielleicht wichtigste Werkzeug der Empirie: das Experiment. Unter Laborbedingungen ist es möglich, einzelne Faktoren zu variieren (man spricht auch von „manipulieren") und die Effekte zu vergleichen. Geknüpft an Theorien, Hypothesen und statistische Auswertungen kann man so valide Aussagen über Ursache und Wirkung treffen.

Das bedeutet nicht, dass die Aussagen aller bisherigen Studien wertlos wären. Im Gegenteil: Basierend auf den Erkenntnissen dieser Untersuchungen kann nun der nächste Schritt erfolgen. Vermutungen können aufgestellt und diese mit Experimenten überprüft werden. Dies ergänzt die wesentliche Schwachstelle, welche alle bisherigen Untersuchungen vereint. Nämlich die Tatsache, dass diese lediglich *post-hoc*, also im Nachhinein, mit Spieldaten beispielsweise aus den europäischen Wettbewerben arbeiten. So ist es schwierig, den Einfluss eines einzelnen Faktors inmitten einer Vielzahl von Faktoren im hochkomplexen Geflecht des Spielgeschehens einwandfrei zuzuordnen. Gut ersichtlich wird dieser Umstand anhand der Tatsache, wie unterschiedlich verschiedene Trainer, Spieler und Fans die Gründe für den Spielverlauf beschreiben. Man überlege sich, wie viele Antworten man von zehn Leuten auf die Frage für den Grund eines umkämpften 0:0-Unentschiedens bekäme.

Ein Experiment hingegen versucht, Licht ins Dunkel zu bringen. Indem unter möglichst identischen Rahmenbedingungen genau ein Aspekt verändert wird, lässt sich die Auswirkung auf das Ergebnis diesem Aspekt zuschreiben. Aber identische Rahmenbedingungen im Fußball? In einem hochdynamischen, auf Wechselwirkung basierenden Spiel voller Zufälle und Unwägbarkeiten? Mit einem festgelegten Paradigma, das wiederholbare Spielsituationen definiert, ist dies weitestgehend möglich! Ein solches Paradigma wurde Anfang 2019 zum ersten Mal vorgeschlagen (Memmert et al. 2019) und beschreibt einen theorieorientierten, experimentellen Ansatz, der die annahmebasierte Manipulation ermöglicht.

Welche Formation passt zu mir?

Wie kann ein solcher experimenteller Ansatz aussehen? Wir wollen dies am Beispiel der oben genannten Studie von Memmert und Kollegen zeigen, welche zwei gängige Formationen miteinander vergleicht: das 4-2-3-1 und das 3-5-2. Auch wenn die Formation einer Mannschaft während des Spiels nicht in Stein gemeißelt ist und die Positionen der einzelnen Spieler oft von der Grundordnung abweichen, legt sie grundsätzlich Rollen, Aufgaben und Verantwortungen der einzelnen Akteure fest. Somit bildet sie nicht nur eine wichtige Stellschraube für den Trainer, sondern sorgt auch immer wieder für hitzige Debatten unter Fans und Fachleuten gleichermaßen – man möge sich nur die Diskussionen über Dreier- oder Viererkette ins Gedächtnis rufen.

Um diese beiden Formationen miteinander zu vergleichen, wurde zunächst eine Ausgangssituation festgelegt, aus welcher immer und immer wieder die gleiche Spielsituation folgte. Der konkrete Ablauf gestalte sich wie folgt: Zwei Mannschaften spielen gegeneinander, abwechselnd nehmen sie die Rolle der angreifenden und verteidigenden Mannschaft an. Sind die Rollen verteilt, erfolgt ein Angriff. Dazu positionieren sich beide Mannschaften, dirigiert von zwei A-Lizenz-Trainern, auf festgelegten Positionen, je nach ihrer Grundordnung, Angriffs- oder Verteidigungsstrategie. Dann spielt der Torwart der angreifenden Mannschaft den Ball kurz in den Fuß eines Verteidigers und es folgt ein freies Spiel. Die angreifende Mannschaft versucht nun, ein Tor zu erzielen, während die verteidigende Mannschaft versucht, dies zu verhindern. Gespielt wird so lange, bis der Ball das Spielfeld verlässt, ein Abschlussversuch erfolgt oder die verteidigende Mannschaft in gesicherten Ballbesitz kommt. Dieser Prozess, vom Abspiel des Torwarts bis zum Ende der Szene, wird als Versuch gewertet. Diese Versuche werden jeweils sechs Mal durchgeführt, danach werden die Rollen getauscht.

Der Clou bei der Sache: Die Formation der angreifenden Mannschaft wechselt zwischen den einzelnen Blöcken von sechs Versuchen. Zunächst spielen sie ein 4-2-3-1, dann ein 3-5-2. Gemäß eines festgelegten Studiendesigns hat so jede der beiden Mannschaften mehrere Versuche als angreifende Mannschaft (in beiden Formationen) sowie als verteidigende Mannschaft. Die Reihenfolge ist so gewählt, dass Effekte der Ermüdung, Gewöhnung oder Mannschaftsstärke auf ein Minimum reduziert werden können. Übrig bleiben zwei Datensätze von Angriffsversuchen, welche sich lediglich durch die gewählte Formation der angreifenden Mannschaft unterscheiden – alle anderen Rahmenbedingungen bleiben konstant und somit im Sinne der Testtheorie kontrollierbar. Lediglich der Faktor der Spielformation wird verändert. Nun lassen sich beide Datensätze statistisch miteinander vergleichen und Unterschiede in der Leistung sich weitestgehend auf die gespielte Grundordnung zurückführen.

Dreier- oder Viererkette, ein oder zwei Stürmer

Für die Datenerhebung wurde das Spielfeld mit einem lokalen Trackingsystem (Kap. 3) ausgestattet, zusätzlich wurden Kameras installiert. Die Spieler trugen Transponder in Brustgurten, und auch der Ball war mit einem Mikrochip versehen, sodass alles genau aufgezeichnet werden konnte. Gespielt wurde mit den Standardregeln (abgesehen von der künstlichen Zerteilung in Versuche) auf einem Naturrasenfeld. Abb. 19.1 veranschaulicht den Versuchsaufbau. Man sieht die Anordnung der Empfängereinheiten sowie der Kameras. Auf dem Platz ist außerdem die Positionierung der Spieler zum Anfang eines Versuchs schematisch dargestellt. Die rote Mannschaft, im Angriff, nimmt hierbei die 4-2-3-1-Formation an, die blaue verteidigt – wie im gesamten Experiment – in einem 4-4-2 mit Mittelfeldpressing. Aus dieser Ausgangssituation entwickelt sich nun der Angriff, bis er beendet wird. Nach insgesamt 144 solcher Versuche war alles im Kasten, und die Positionsdaten konnten zur nachfolgenden Analyse vorbereitet werden.

Wie bereits beschrieben, konnten nun beide Datensätze hinsichtlich der Leistung miteinander verglichen werden. So wurde sowohl die Raumkontrolle als auch die Druckeffizienz berechnet. Auch die Zeiten für beide Gruppen wurden miteinander verglichen, um zu untersuchen, ob die Angriffsdauer sich eventuell unterscheidet. Zusätzlich wurden drei weitere Indikatoren betrachtet, deren Ursprung in der Forschung zu Kleinfeldspielen (zum Beispiel 5 gegen 5 auf kleine Tore) liegt und welche sich vornehmlich mit den geometrischen Eigenschaften der Spielerpositionen befassen (vgl. Frencken

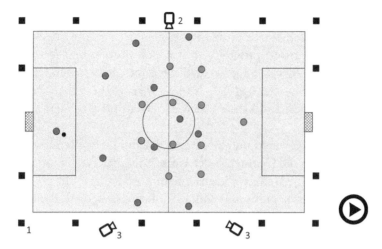

Abb. 19.1 Schematische Darstellung des Fußballfeldes und des Versuchsaufbaus (1 – Empfänger, 2 – Mobile Action-Cam, 3 – stationäre Kamera). Das Video skizziert den Ablauf eines Experiments, mit dem sich konkrete taktische Varianten wissenschaftlich untersuchen lassen

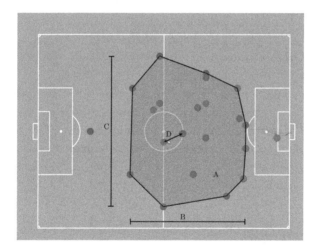

Abb. 19.2 Grafische Skizze der drei geometrischen Leistungsindikatoren: effektive Fläche (A), Länge-zu-Breite-Verhältnis (B/C) und mittlerer Spielerabstand (D)

et al. 2011, Silva et al. 2014 und Vilar et al. 2014). Eine grafische Darlegung erklärt ihren Ansatz (Abb. 19.2).

Der Indikator *Effektive Spielfläche* bemisst den Flächeninhalt, der durch alle Feldspieler aufgespannt wird und versucht, die räumliche Ausdehnung der Mannschaft greifbar zu machen. Das *Länge-zu-Breite-Verhältnis* hingegen teilt die Ausdehnung dieser Fläche in der Länge des Spielfeldes durch die

Ausdehnung in der Breite. So soll erfasst werden, in welchem Zusammenhang die Tiefenstaffelung zur Nutzung der gesamten Feldbreite einer Mannschaft steht. Als dritter Indikator misst der *mittlere Spielerabstand* den durchschnittlichen Abstand aller Feldspieler zum nächststehenden Gegner – ein Hinweis darauf, wie eng Spieler von der gegnerischen Mannschaft gedeckt werden. Diese Indikatoren wurden jeweils für einen ganzen Versuch gemittelt.

Welche Ergebnisse waren nun zu erwarten? Zum einen könnte man erwarten, betrachtet man die Geometrie der Umsetzung der Formationen, dass die 3-5-2-Formation eine höhere Tiefenstaffelung und somit ein größeres Länge-zu-Breite-Verhältnis aufweisen sollte. Zudem bietet diese Formation mit einem zusätzlichen Stürmer eine weitere Anspielstation an vorderster Front – mehr Raumgewinne und höhere Druckeffizienzwerte dürften die Folge sein.

In der Tat trafen zwei dieser Vermutungen ein. Die Variante mit Dreierkette und zwei Stürmern konnte sowohl bessere Druckeffizienzwerte vorweisen als auch ein größeres Länge-zu-Breite-Verhältnis. Dies könnte ein Indiz dafür sein, dass man mit dieser Formation ein effektiveres Vertikalspiel ermöglichen kann – zumindest, wenn der Gegner im 4-4-2 flach verteidigt. Keine Unterschiede konnten hingegen bei den weiteren Indikatoren gefunden werden. So zeigten sich ähnliche Charakteristika beider Formationen bezüglich effektiver Spielfläche, mittlerem Spielerabstand und Dauer der Versuche. Interessanterweise wurde ebenso die Vermutung widerlegt, dass das 3-5-2 zu mehr Raumgewinnen vor dem gegnerischen Tor führt. In beiden Formationen schafften es die Mannschaften gleichermaßen, sich gut zu positionieren und Kontrolle zu erlangen. Das heißt zusammenfassend: Obwohl das 3-5-2 in diesem Aufeinandertreffen von Formationen lebhafteres Vertikalspiel aufweist, geschieht dies bei ähnlich starker Deckung und unter vergleichbarer Verfügbarkeit von Raum.

Teile des Puzzles

Mit einem einzelnen Experiment ist die große Anzahl taktischer Spielarten bei Weitem nicht entschlüsselt, soviel steht fest. Aber es zeigt dennoch: Die Isolation einzelner taktischer Faktoren ist möglich und ihr Effekt auf die Spielleistung messbar und bewertbar. Es bleibt abzuwarten, welches Bild sich ergibt, sollte der Gegner statt im Mittelfeld bereits sehr früh die angreifende Mannschaft unter Druck setzen oder auf eine andere defensive Aufstellung vertrauen. Nichtsdestotrotz ist es nun möglich, auch die Wechselwirkungen solcher Aspekte greifbar zu machen. Eine ganze Reihe von derartigen Experimenten könnte letzten Endes zu einem besseren Verständnis davon führen, wie Trainer mit ihren Maßnahmen die Organisation und Spielanlage ihrer Mannschaft beeinflussen können. Dies gäbe weiterhin den Trainern die Möglichkeit, die Effektivität ihrer Entscheidungen zu bewerten: Hat etwa die Umstellung auf zwei Spitzen zur erwarteten Verbesserung des Vertikalspiels geführt?

Die Vielfalt von Faktoren, die Einfluss auf die Spielleistung haben könnten, ist enorm – defensiv wie offensiv. Dennoch ist es interessanterweise möglich, eine große Menge von ihnen im Versuchsparadigma, das in der erwähnten Studie zum Einsatz kam, zu überprüfen. Welche Pressingstrategie führt zu schnelleren Ballgewinnen im gegnerischen Drittel? Erreiche ich mit Angriffen über die Flügel oder durchs Zentrum größere Dominanz im gegnerischen Strafraum? Überspielt Ballbesitz- oder Konterfußball im Schnitt mehr gegnerische Spieler? Experimente wurden in der Sportspielforschung im Bereich von Kleinfeldspielen schon seit Längerem durchgeführt, doch die Übertragung dieser Idee auf das Großfeld eröffnet eine neue Möglichkeit der direkten Untersuchung des Spitzensports. Stück für Stück können nun weitere Teile zusammengesetzt werden. Man darf gespannt sein, welche Erkenntnisse in den nächsten Jahren auf diese Weise gewonnen werden können.

Übrigens: Am nächsten Tag ruft der Trainer wieder an und schlägt den Sportwissenschaftlern ein neues taktisches Spielprinzip ABC vor …

Literatur

Frencken, W., Lemmink, K., Delleman, N., & Visscher, C. (2011). Oscillations of centroid position and surface area of soccer teams in small-sided games. *European Journal of Sport Science, 11*(4), 215–223.

Memmert, D., Raabe, D., Schwab, S., & Rein, R. (2019). A tactical comparison of the 4-2-3-1 and 3-5-2 formation in soccer: A theory-oriented, experimental approach based on positional data in an 11 vs. 11 game set-up. *PLoS ONE, 14*(1), e0210191. https://doi.org/10.1371/journal.pone.0210191.

Silva, P., Duarte, R., Sampaio, J., Aguiar, P., Davids, K., Araújo, D., & Garganta, J. (2014). Field dimension and skill level constrain team tactical behaviours in small-sided and conditioned games in football. *Journal of Sports Sciences, 32*(20), 1888–1896.

Vilar, L., Duarte, R., Silva, P., Chow, J. Y., & Davids, K. (2014). The influence of pitch dimensions on performance during small-sided and conditioned soccer games. *Journal of Sports Sciences, 32*(19), 1751–1759.

Stichwortverzeichnis

© Springer-Verlag GmbH Deutschland, ein Teil von Springer Nature 2019
D. Memmert, D. Raabe, *Revolution im Profifußball*,
https://doi.org/10.1007/978-3-662-59218-2

Springer

Willkommen zu den Springer Alerts

- Unser Neuerscheinungs-Service für Sie:
  aktuell *** kostenlos *** passgenau *** flexibel

Springer veröffentlicht mehr als 5.500 wissenschaftliche Bücher jährlich in gedruckter Form. Mehr als 2.200 englischsprachige Zeitschriften und mehr als 120.000 eBooks und Referenzwerke sind auf unserer Online Plattform SpringerLink verfügbar. Seit seiner Gründung 1842 arbeitet Springer weltweit mit den hervorragendsten und anerkanntesten Wissenschaftlern zusammen, eine Partnerschaft, die auf Offenheit und gegenseitigem Vertrauen beruht.

Die SpringerAlerts sind der beste Weg, um über Neuentwicklungen im eigenen Fachgebiet auf dem Laufenden zu sein. Sie sind der/die Erste, der/die über neu erschienene Bücher informiert ist oder das Inhalts- verzeichnis des neuesten Zeitschriftenheftes erhält. Unser Service ist kostenlos, schnell und vor allem flexibel. Passen Sie die SpringerAlerts genau an Ihre Interessen und Ihren Bedarf an, um nur diejenigen Informa- tion zu erhalten, die Sie wirklich benötigen.

Mehr Infos unter: springer.com/alert

CPSIA information can be obtained
at www.ICGtesting.com
Printed in the USA
LVHW080053031019
633047LV00001BA/6/P